최애가 되고 싶어

최애가 되고 싶어

초판 1쇄 발행 2025.06.18
지은이 썸머 (고아라)
편집 | 디자인 고애라
발행처 문장과장면들 (979-11) 966454
등록 2019년 02월 21일 (제25100-2019-000005호)

팩스 0504) 314-0120
이메일 sentenceandscenes@gmail.com
인스타그램 instagram.com/sentenceandscenes

세상에 작은 빛을 전하기 위해 책을 만듭니다.
문장과장면들은 우리가 이야기하는 방식입니다.

최애가 되고 싶어

썸머 에세이

문장과장면들

最愛(최애), 가장 사랑함.

✦

누군가 나를 가장 사랑해준다면
내겐 어떤 마법같은 일이 일어날까.
기대하며 보내는 날들에는 땀도 눈물도
모두 마법 재료서럼 느껴신나.

차례

최애가 되고 싶어 ✦ 11

들키고 싶은 이야기 ✦ 17

주인공의 믿음 ✦ 25

내가 사는 집 ✦ 37

조급하지 않게
그러나 멈추는 법 없이 ✦ 42

공주병 졸업! ✦ 49

누룽지 숭늉 ✦ 53

나의 독립여정기 ✦ 57

알고 싶은 마음 ✦ 71

소설을 쓰고 ✦ 74

책을 빌리는 마음 ✦ 81

월요일엔 통닭을 ✦ 87

독백이라 착각하기 쉽다 ✦ 93

추위를 견디는 방법 ✦ 104

떠오르는 사람 ✦ 109

나는 빨래를 좋아한다 ✦ 111

4월의 시작 ✦ 113

여름엔 사랑을 ✦ 121

집앞 24시 편의점 ✦ 125

덜컥 ✦ 130

손의 감각 ✦ 131

피치 못할 사정 ✦ 136

비가 오면 ✦ 136

미움의 책임 ✦ 146

엉뚱한 상상 ✦ 155

결국엔 해내는 것들 ✦ 158

퇴근시간 ✦ 164

누군가의 진심 ✦ 166

앳된 얼굴의 여름날 ✦ 168

저스트 원테이크 ✦ 170

경험치로 레벨업 ✦ 182

최애가 되고 싶어

삶이 퍽퍽하다가도 최애의 영상 하나에 마음이 스르르 녹는다. 건빵 속 별사탕을 발견하기라도 한 것처럼 일순간 공기의 흐름이 달라진다. 지쳐있던 얼굴엔 미소가 떠오르고 잇몸은 금세 마른다.

누구나 가슴에 최애 한 명쯤은 품고 산다고 한다. 나에게도 그런 최애가 있다. 행여 이런 마음이 닳을까 아무에게도 티 내지 않았지만, 비밀스러운 마음으로 혼자 응원하고 또 위로를 받는 최애의 존재가.

　이 마음이 영원하진 않을 거라는 걸 안다. 그렇기에 더욱 진심으로 응원하게 된다. 지금의 내 삶에 나타나 반짝이는 쉼을 주어 고맙다고. 수많은 사람들 속에서, 센터를 제치고 내 눈엔 오직 그에게만 핀 조명이 떨어지기라도 한 것처럼 한 사람만이 보인다. 최애는 최애니까.

　좋아하는 마음은 참 신기하다. 피곤하다가도 최애의 사진 한 장에 피로가 싹 가신다. 새롭게 공개된 노래와 뮤직비디오를 보며 한층 더 성장한 모습에 보태준 것 없이 마음이 뿌듯해진다. 응원하는 것만으로도 그들의 성장에 함께하는 기분이 든다. 이렇게 순수한 마음으로 누군가를 응원할 수 있다니, 최애를 만나기 전보다 지금이 훨씬 더 즐겁다.

　누군가의 최애가 된다는 건 어떤 기분일까.

퍽퍽했던 삶에 단비가 되어 내려주고, 지쳐있던 얼굴에 미소가 번지게 만드는— 존재만으로도 누군가에게 힘이 되는 존재.

나도 누군가의 최애가 되고 싶어!

불쑥, 숨겨왔던 나의 잉금한 욕망이 올라왔다. 거듭되는 오디션 낙방과 짝사랑에서 더 나아가지 못하는 관계 속에서, 도리어 솔직한 맨 마음이 드러났다. 괜찮은 척 아닌 척했지만 실은 그 누구보다도 사랑받고 싶다. 될 듯 말 듯하다가 결국 최종에서 탈락해 버리는 오디션들, 호감을 주고받다가도 흐지부지 끝나버리는 관계들 속에서 나는 조금씩 지쳐갔다.

적당한 응원과 애매한 사랑만으로는 안돼! 이제 나는 최애가 되고 싶다. 모두에게 고르게 사랑을 받는 것도 어려운 일이지만, 누군가의 최애가 된다는 건 더더욱 쉽지 않다는 걸 안다.

그럼에도 수많은 사람들 속에서 어쩐지 자꾸 눈이 가는— 나를 누군가 알아봐 주기를 바라는 거다. 오직 나만을 향한 그 확실한 마음이 나를 따라와 준다면, 나는 어디든 갈 수 있을 것 같은데…

    내 안의 솔직한 욕망과 마주하고 난 뒤 최애를 바라보는 시선도 달라진다. 익숙한 연습실 풍경을 배경으로 굵은 땀을 뚝뚝 흘리며 안무를 연습하는 모습, 특유의 천진한 웃음기 대신 진지한 표정으로 녹음 피드백을 듣는 맨얼굴, 한국어 연습을 하며 팬들과 소통하는 모습, 스케줄이 없는 날에도 다음을 위해 묵묵히 쌓아 올렸을 수많은 시간들이 화면을 뚫고 내게 성큼 다가온다.
    누군가의 최애가 된다는 건 어쩌면 그렇게 긴 시간을 견디고 사랑을 믿는 마음에서 비롯되는 일일지도 모른다.

그렇담, 최애 지망생인 나에겐 어떤 시간들이 쌓이고 있는가. 지하철 안에서 대본을 외우고 연습실에서 연기훈련을 하고 촬영하며, 배우일지를 꾸준히 기록하며 다음 스텝을 위해 노력하고 있지만 이대로는 부족하다는 결론. 다음 스텝으로 나아가기 위해선 좀 더 체계적인 플랜이 필요하다.

최애를 통해 나의 다음 스텝을 도모한다라, 꽤나 설레는 일이다. 분야도 다르고 그와 내가 가진 매력은 다르지만 일에 대한 사랑과, 그리고 누군가의 사랑을 필요로 한다는 점에선 같다.

지혜를 구하며 전략적으로 부지런히 발을 굴리며 나아가다 보면, 머지않아 누군가 나로 인해 지쳐있던 얼굴에 미소가 번지고, 위로를 받는 순간이 오지 않을까. 내가 최애를 통해 그랬던 것처럼.

最愛(최애), 가장 사랑함.

누군가 나를 가장 사랑해 준다면, 내겐 어떤 마법 같은 일이 일어날까. 기대하며 보내는 날들에는 땀도 눈물도 모두 마법 재료처럼 느껴진다.

들키고 싶은 이야기

　4년 전 첫 에세이 『사랑은 물음표가 아닌 느낌표』를 출간했다. 배우로만 살아오던 내가 작가가 되기까지는 아주 큰 용기가 필요했다. 작가이자 출판사 대표로서 살아가는 동생의 삶을 곁에서 지켜보며 글을 쓴다는 건 삶을 나누는 것이고, 그러기 위해서는 숱한 낮과 밤을 기꺼이 내놓아야 한다는 것을 누구보다 잘 알았기 때문이었다. 나에겐 삶을 나눌 용기도 기꺼이 내놓을 낮밤의 여유도 없다고 생각했는데, 인생은 예기치 못한 위기를 통해 새로운 기회를 잡는다고 했던가.

전례 없던 코로나19로 인해 나의 삶은 뜻밖의 전환을 맞게 되었다. 잡혀있던 촬영들은 취소가 되거나 무기한 연기 되었고 오디션은 모두 비대면으로 바뀌었다. 비대면 오디션에 익숙지 않았던 나는 그나마 있던 오디션에서도 줄줄이 낙방되었다. 자연스레 외부 활동이 줄어들고 안에서 생활하는 시간이 늘어가면서 설상가상 살까지 쪄버렸다. 인생 최대 몸무게를 찍은 나는 에이전시에 보낼 자기소개 영상을 찍다가 주저앉고 말았다. 늘어버린 체중보다 줄어든 자신감이 문제였다.

이대로는 안될 것 같아.

동생의 손에 들려있던 내 핸드폰을 챙겨서 그대로 방에 들어가 버렸다. 그렇게 멈춘 듯한 시간이 계속해서 흘렀다.

그 사이 나는 오디션 보기를 포기했고 (포기했다기보다는 기회가 없었다는 쪽이 더 맞을지도 모르겠다.) 허기를 달래듯 성경과 책을 읽고 드라마와 영화를 보며 시간을 채웠다. 가끔씩 주어지는 촬영에는 이전과는 다른 마음으로 임했다. 기적과도 같은 일이 내게 주어진 것처럼 감격하며 최선을 다했다. 몇 안 되는 촬영이 모두 끝이 나면 또다시 마음이 헛헛했다. 그러던 중 동생은 내게 자신이 진행하는 에세이 모임 쓰담 클래스에 글쓰기 멤버로 함께 하지 않겠냐고 제안했다. 조금 망설였지만 별다른 선택 사항이 없었던 나는 한번 해보기로 했다. 그때의 선택이 나를 지금의 작가의 삶으로 이끌어 주었다.

우리는 주중에 한 번씩 모였다. 수업을 들으며 독자가 있는 글쓰기에 대해 배웠고 매주 하나의 글감으로 한 편의 에세이를 써가야 했다. 내 이야기를 쓴다는 게 처음부터 쉽지만은 않았다. 코로나로 인해 한층 더 납작해진 나는 마음속 이야기를 펼치는 게 좀처럼 쉽지 않았다. 나를 이야기하려면 배우라는 직업을 드러내야 하는데 배우로서의 활동이 없는 지금의 나를 배우라고 할 수 있을까 하는 고민부터 이런 나의 이야기를 누가 궁금해할까… 움츠러드는 마음까지 여러 방해 요소가 있었지만 신기하게도 모니터에 앞에 앉아 글을 쓰기 시작하면 고민은 조금씩 희미해지고 차츰 선명해지는 내가 보였다. 나의 이야기를 읽어주는 사람들이 있다는 사실이 나를 움직이게 했다.

둘러앉아 서로의 이야기를 읽다 보면 다른 모양의 삶을 살고 있지만 비슷한 고민을 안고 살아가는 이들이 곁에 있다는 사실이 큰 위로가 되었다. 나의 글을 읽고 남겨준 사람들의 코멘트를 읽을 때면 내 안이 채워지는 느낌을 받았다. 배우로서 관객에게 받아 보지 못한 피드백과 응원에 대한 갈증이 나의 글을 읽는 이들을 통해 서서히 채워져 갔다. 배우로서의 자격을 떠나 '고아라'라는 사람의 삶을 꺼내 보일 수 있다는 게 참 기뻤다. 글을 쓰며 내가 어떤 사람인지 비로소 마주할 수 있었다.

그러나 책을 내는 것은 전혀 다른 이야기였다. 글쓰기 모임은 분명 좋은 경험이었지만 책을 낸다는 건 한 번도 생각해 본 적이 없었기에 에세이 출간 제안을 받고 꽤 오래 고민했다. 책을 출간한다는 것이 돌이킬 수 없는 흔적을 만드는 일로 느껴졌다. 배우로서 작품을 찍을 때도 그중 몇 작품들이 내게 그랬다. 한번 제작이 되면 영구적으로 존재하기 때문에 후회해도 어쩔 수 없었다. 그렇기에 무언가를 시작할 때마다 늘 조심스러웠다. 게다가 누가 무명 배우의 이야기를 궁금해할까 싶어 더욱 망설

여졌다. 나의 고민을 간파했는지 동생이 말했다.

책 하나 낸다고 세상이 바뀌지 않는다고, 하지만 언니 책을 읽은 누군가의 삶은 바뀔 수 있다고. 그 말이 내 마음을 움직였다.

세상이 바뀌지 않는다는 말에 참 다행이라 생각했는데 책을 내고 나니 나의 책을 읽는 누군가의 삶이 바뀔 수 있다는 말이 더 마음에 사무친다. 수많은 책 중 내 책을 펼쳐 읽어준 이의 시간을 소중히 대할 수 있는 책을 써야겠다고 마음을 다잡으며 새로운 이야기를 쓰고 있다.

첫 책을 준비했을 때 가장 고민했던 건 어디까지 솔직해야 할까였다. 배우로서의 자존심이 아직 남아 있던 그때의 나는 너무 짠 이야기는 쓰고 싶지 않았다. 나를 유쾌하고 재밌는 사람으로 기억하는 이들을 배신하고 싶진 않아서 너무 슬프거나 아픈 이야기는 삼키고 싶었다. 그런데 그 모든 이야기가 나라서 짠맛이 나는 슬프고 아픈 이야기도 써야 했다. 다만 끝까지 지키고 싶어 꺼내지 못한 이야기가 아직 남았다. 꺼낼 수 있는 만큼의 이야기만 꺼내어 쓰기로 했다. 무리하지 않는 선에서 진솔하게 털어놓아야 글을 쓸 때 개운하다.

두 번째 에세이를 쓰기로 마음을 먹은 지금, 나는 어떤 이야기를 쓸 수 있을까. 아직은 잘 모르겠다. 중요한 건 다시 글을 쓰기 시작했고 조금 더 솔직해지고 싶다는 거다. 책을 낼 줄 모르고 처음 글을 쓰기 시작했던 그날, 아무에게도 들키고 싶지 않았던 이야기를 꺼냈을 때 받았던 위로를 기억한다. 그 이야기들은 어쩌면 가장 들키고 싶었던 이야기였을지도 모른다.

책을 내고 가장 많이 달라진 건 다름 아닌

삶을 바라보는 나의 시선이다. 꽁꽁 싸맸던 마음을 펼쳐놓고 보니 숨겨야 하는 상처가 아니라 기꺼이 함께 나눌 수 있는 도시락 같은 경험이었다는 걸 깨닫는다. 내 책을 펼쳐준 당신에게 든든한 위로가 될 수 있기를 바라며 들키고 싶던 이야기를 꺼내놓기로 결심했다.

주인공의 믿음

요즘은 주인공이 죽거나 파국인 결말로 끝이 나는 드라마나 영화도 있지만, 내가 어렸을 땐 드라마와 영화의 엔딩은 언제나 해피엔딩이었다. 갖은 고생과 역경을 겪지만 결국엔 다 이겨내고 '행복하게 살았대요~' 하는 식의 뻔한 엔딩이 어린 나의 마음을 울렸다.

띵—

사랑하는 사람을 만나면 귓가에 종소리가 울린다고 하는데 나에게 최초의 종소리는 드라마와 영화였다.

친구들과 놀이터에서 뛰노는 것보다 거실에 앉아 엄마 옆에서 빨래를 개며 드라마에 참견하는 걸 더 좋아하던 꼬맹이었던 나는 자연스럽게 배우를 꿈꾸게 됐다. 주인공이 울 때면 나도 덩달아 눈물이 났고, 주인공이 다시 기운을 내 위기를 이겨낼 때면 내 안에서도 어떠한 힘이 생기는 것만 같았다. 마침내 주인공이 해피엔딩을 맞이하며 드라마가 막을 내릴 때면, 드라마는 끝났어도 여전히 어딘가에 살고 있을 주인공을 응원하며 다음 드라마를 기대하던 내가 이제는 그 세계에 들어가야겠다고 마음을 먹은 것이다.

연기가 하고 싶어서라기보다 드라마 속 주인공들처럼 행복해지고 싶어서였다. 연기가 얼마나 어려운 일인지, 배우라는 직업이 삶에 어떤 무게로 다가오는지도 모른 채 그저 막연히 배우를 꿈꾸기 시작한 게 아홉에서 열 살 즈음이었다. 학기 초마다 장래희망을 적는 시간, 친구들의 꿈이 탱탱볼처럼 이리저리 넘나들 때도, 서걱서걱 연필 소리를 내며 우직하게 적어냈다. 배우, 두 글자를 써넣은 것만으로도 세상을 다 가진 것처럼 마음이 벅찼다.

순수했던 건지 순진했던 건지, 나는 내가 바라보는 대로 믿고 생각하는 대로 꿈꿨다. 그 믿음은 나를 행복하게도 했지만 한편으론 방심하게도 만들었다. 길거리 캐스팅이 한창 유행했던 중학생 시절, 나는 학교 정문이며 지하철역 앞에서 명함을 받아 들고는 순진하게도 들떠 있었다. 그들 중 진짜 기획사가 얼마나 될진 모르겠지만, 하필 처음 오디션을 보러 갔던 곳이 말 그대로 가짜 기획사였다. 2차 오디션에 함께 동행했던 부모님이 이상한 낌새를 눈치채셨고, 나중에 들으니 건물 경비 아저씨가 아빠에게 조심하라고 귀띔을 해주셨단다. 천만다행이었지만 부풀었던 마음은 금세 쪼그라들었다. 배우의 꿈을 품고 겪은 첫 실연이었다. 앞으로 겪게 될 수많은 실연들은 미처 알지 못 한 채 첫 상실감 속에서 제법 마음고생을 했더랬다.

얼마 지나지 않아 <그것이 알고 싶다>에서 길거리 캐스팅 사기의 실체를 다뤘다. 수많은 피해자와 사기꾼들을 보며 꿈을 가진 것이 왜 약점이 되어야 하는지 이해할 수 없었다. 나의 간절함이 누군가에게 범죄의 수단이 될 수 있다는 걸 처음 알게 되었다.

위축되는 마음도 있었지만 배우에 대한 열망은 오히려 점점 더 커져 갔다. 방과 후에는 비공개 오디션을 지원하고 주말이면 마음이 맞는 친구들과 공개 오디션장을 함께 돌며 꿈을 키워 갔다. 연기를 제대로 배운 적도 없었지만 뭐라도 하고 싶었다. 그래야 꿈에 조금이라도 더 가까워지는 기분이 들었다. 그 시절, 내가 할 수 있는 거라곤 이름이 불릴 때까지 오디션장이었던 기획사 앞에서 친구들과 수다를 떨며 기다리는 것, 5분도 채 안 되는 짧은 시간 안에 어설픈 노래와 연기를 보여 주고 다시 긴 시간 지하철을 타고 돌아오는 일이 전부였지만 그것만으로도 며칠을 살 수 있었다. 설익은 성취감과 기대로 보냈던 그 시절이 나를 자라게 했다.

중학교를 졸업하고 여고에 진학하면서 새로운 국면을 맞이했지만 그때도 틀림없이 내 장래희망 옆자리는 '배우'였다. 명문대 진학률을 높이는 것이 목표였던 고등학교에서는 모의고사 점수와 등급이 곧 꿈의 가치가 되었다. '배우'라는 나의 장래희망은 더 이상 관심을 받지 못했다. 그 무렵 조금 외롭긴 했지만 괜찮았다. 왜냐하면 나는 배우가 될 거니까. 그 시절, 누군가 나를 믿어주지 않아도 내 안에서는 새로운 믿음이 계속 자라났다.

고3 9월 모의고사를 앞두고 남들보다 늦게 연기 입시를 시작했지만 나는 확신이 있었다. 앞으로의 5개월이 내 인생을 바꿔줄 거라는 걸. 반드시 내가 원하는 대학교에 합격할 거라는 자신이 있었다. 또래보다 일찍 배우라는 꿈을 품었지만 녹록지 않은 형편에 꿈을 모르는 척하고 싶었던 순간도 있었다. 비싼 연기 입시 학원을 보내 달라는 말을 꺼낼 용기가 나지 않아 부러 기획사 오디션에 더 열을 올렸다. 대학에 진학하기 전에 데뷔를 할 수 있다면 모든 게 해결되지 않을까— 그땐 그런 얕은 기대도 품었었다.

그런 내 마음을 알고 있었는지. 동생이 내 이름으로 연기 학원에서 진행하는 캠프에 몰래 신청을 해 두었고 얼마 지나지 않아 참석 안내 문자가 도착했다. 처음엔 가고 싶지 않았다. 겨우 다잡은 마음이 흔들릴까 두려웠다. 그런데 마음은 또 눈치 없이 두근거렸다.

그때 그 연기 캠프를 가지 않았다면 지금의 나는 어땠을까. 열아홉 여름방학, 그 연기 캠프는 나의 열병의 시작이었다. 애써 외면하며 모른 체했던 불씨에 누군가 활활 타는 장작을 넣어 준 것처럼 마음에 불을 지폈다. 연기를 배우고 싶다는 마음과, 제대로 된 연기 입시를 준비하고 싶다는 열망이 꺼지지 않는 불처럼 내 안에서 계속 타올랐다.

열병처럼 뜨거워진 그 마음을 이불로 푹 덮고 홀로 베갯잇을 적시며 며칠을 보냈다. 이러다 큰일 나겠다 싶어, 결국 나는 뻔뻔해지기로 했다.

"5개월만 투자해 줘, 아빠. 나 잘할 수 있어요."

그렇게 나의 입시가 시작됐다. 그 5개월은 내 생애 가장 치열하고 가장 뜨거웠던 시간이었다. 입시 학원으로 향할 때면 그토록 닿고 싶던 '배우'라는 두 글자에 가까워지는 기분이 들어 하루하루를 아껴 살았다. 인천에서 압구정을 오가며 끼니를 제대로 챙기지 못한 날이 많았지만, 지하철에서 몰래 꺼내 먹었던 빵과 버스 안에서 녹여 먹던 초콜릿만으로도 행복했다. 배에서 꼬르륵 소리가 나도 자꾸만 웃음이 났다. 이 지하철과 버스의 종착지는 반드시 내가 원하는 대학일 거라는 확신이 있었다.

그래야만 했다. 내 인생에 '재수'는 없다. 입시 학원에 들어간 첫날부터 주문처럼 외웠던 말이었다. 학원 텃세에 적응하기 힘들었을 때도, 모두가 날 봐주지 않는 것 같은 외로움에

주눅 들었을 때도, 이를 악물고 버틸 수 있었던 건 '재수' 없기 위해서였다. 나에게 주어진 5개월의 시간이 어떤 값으로 주어진 기회인지 너무나도 잘 알았기에 나에게 다음은 없었다.

실제로 5개월 후 나의 종착지는 1 지망 대학교가 되었다. 그 후 나의 대학생활은 날개를 달기라도 한 것처럼 훨훨 날아다녔다. 첫 공연에선 주인공을 맡았고, 입학부터 졸업까지 한 번도 장학금을 놓치지 않았다. 졸업 직전에는 단대 수석 장학금을 받기도 했다. 공부를 잘했다기보다 연기에 대해 배우는 시간들이 내겐 너무 소중해 허투루 넘길 수 없었다. 무엇보다 나에게 기회를 준 부모님께 보답하고 싶었다. 비싼 학원비와 등록금에 대한 감사의 마음을 담아 조금씩 나아가는 모습을 보여 드리고 싶었다.

돌이켜보면 다 추억이라고들 하지만 대학 생활 내내 좋은 일들만 있던 건 아니었다. 공연을 준비하며 받았던 미움과 오해, 휴학하고 참여했던 영화 현장에서 겪은 힘들었던 일과 그로 인해 생긴 카메라 공포증과 기피증까지….

행복해지고 싶어서 배우를 꿈꿨지만, 행복하지 못해 도망치고 싶었다. 처음으로 배우의 꿈이 흔들거리기 시작했다. 앞으로 내가 배우를 할 수 있을까, 의심이 들기 시작했다. 할 수 없을 것 같을 땐 하지 말자. 스스로를 믿지 못했던 그 시기에 나는 아무것도 하지 않기로 했다. 그땐 그게 도망치는 것처럼 느껴졌는데 돌이켜 보면 나를 지키는 방법이었다.

장편 촬영이 끝나고 다음 학기를 복학하기 전까지 나는 오디션을 한 번도 보지 않았다. 그저 자고 먹고, 또 자며 시간을 보냈다. 그러다 상황이 조금 나아지자 좋아하던 작품들을 다시 찾아보기 시작했다. 그 작품들을 보며 내가 하고 싶은 연기가 무엇인지, 내가 왜 배우가 되고 싶었는지 다시 마음을 다잡을 수 있었다.

그때 나에게 다시 일어설 용기를 준 건 삶이 고단해도 빛이 새어드는 작은 구멍이 있으면 다시 살아갈 수 있다고 말해주는 작품 속 주인공이었다. 그 주인공처럼 나도 다시 연기하고 싶었다. 마치 두 번째 종소리가 귓가에 울리는 듯 마음이 다시 뛰기 시작했다.

내가 배우를 꿈꾸게 된 이유는, 해피엔딩 때문이 아니라 삶이 힘들어도 결국 다시 일어서는 주인공의 믿음에 있었다는 걸 새롭게 깨달았다. 그 믿음이 있다면 결국 해피엔딩일 테니까.

지금도 여전히 막막하고 두려울 때가 많다. 길을 잃은 듯 가만히 멈춰 서 멍해지기도 한다.

그럴 때면 착각하지 않으려고 조심한다. 여기가 끝이라는 착각. 내가 끝내지 않으면 누구도 끝낼 수 없다는 걸 잊지 않는 것이 중요하다. 스스로 끝내지 않을 거라면 나는 다시 또 나를 믿는 수밖에.

    거듭 말했듯이 그 믿음이면 충분하다.

내가 사는 집

 커튼 고리가 없다는 이유로 며칠 동안 방치해 둔 레이스 자수 커튼을 드디어 달았다. 이전에 걸려 있던 짧은 커튼을 떼어내고 기존 고리에 새로운 커튼을 걸었다. 왜 진작 생각하지 못했나 싶을 만큼 간단한 일이었지만, 기분 전환에는 딱이었다. 잔잔한 레이스 자수 사이로 새어드는 따스한 오후 햇살이 그대로 테이블 위로 내려앉는다. 새의 날개 같기도 하고 물결무늬 같기도 한 빛의 그림자 위로 손을 뻗었다.

나는 정말이지, 이 집이 좋다.

처음 이곳에서 살겠다고 했을 때 가족들의 반응은 다 비슷했다. 어릴 적부터 대학생 때까지 살던 익숙한 동네이니 혼자 살기에 괜찮겠다는 의견으로 시작해, 부모님의 이혼을 겪은 아픈 기억이 있는 곳에서 새로운 시작을 하는 게 괜찮겠냐는 걱정으로 끝났다. 나의 대답은 '괜찮다. 완전 괜찮다'였다.

사실 괜찮은 정도가 아니라, 이곳이어야 했다. 내 인생에 혼자 살게 될 날이 올 거라고 생각해 본 적은 없지만, 동생의 결혼 소식과 동시에 나의 독립이 결정되었을 때 나는 이 아파트를 떠올렸다. 동생과 함께 살던 아파트에서 걸어서 4분 거리에 있는, 나의 옛 동네이자 삶의 터전인 오래된 주공아파트. 이곳이라면 혼자여도 외롭지 않을 거라는 확신이 들었다.

오래된 아파트지만 여전히 살기 괜찮은 곳이라 그런지 매물은 많지 않았다. 짧은 시간에 네 채의 집을 둘러봤고 그중 가장 마음에 든 곳이 지금 나의 집이 되었다. 집을 계약한 건 작년 여름이었다. 동생과 함께 살던 아파트 계약 기간이 2개월 정도 남아 있어서 이사까지는 여유가 있었다.

이전 세입자가 짐을 빼는 날, 나는 호기롭게 혼자 빗자루와 쓰레받기, 걸레와 대야 등 청소 도구를 챙겨 집으로 향했다. 걸어서 금방 도착한 그 집은 말 그대로 텅 비어 있었고 마치 오래전부터 비어 있었던 것처럼 고요했다. 불과 몇 시간 전까지만 해도 누군가 아침을 맞이했을 텐데, 세간이 빠져나간 자리엔 각종 먼지와 누군가의 발자국, 그리고 모래 같은 것들이 각질처럼 남아 있었다.

심호흡 한 번 후 내뱉고 마스크를 코까지

잔뜩 당겨 쓰고 곧장 먼지를 쓸었다. 동그랗게 모인 먼지와 모래를 쓸어 담아 쓰레기봉투에 쏟아 담고 바닥을 걸레질했다. 뿌옇던 바닥은 걸레가 더러워질수록 빛을 내기 시작했다. 무더운 여름의 정오, 뜨거운 햇살이 내리쬐던 거실에 혼자 쭈그려 앉아 땀을 뻘뻘 흘리며 누군가의 발자국을 지우고, 새롭게 채워나갈 나의 일상을 그려보는 그 시간이 참 좋았다.

작년 12월 말 동생이 결혼을 하고 나는 진짜 혼자가 되었다. 1인 가구 세대주 고아라로서 살아간 지도 어느덧 2개월 차에 접어들고 있다. 아침이 오면 이불을 박차고 일어나 커튼을 걷는다. 내가 살고 있는 집은 10층, 살아본 곳 중 가장 높은 층으로 베란다를 통해 햇살이 잘 들어와 만족도가 매우 크다. 이불 빨래도 반나절이면 금세 보송하게 마른다. 베란다 맞은편에는 관리사무소와 오래된 슈퍼 그리고 작은 놀이터가 있다. 꼬맹이 시절 동생과 모래성을 쌓고 아빠가 꽃반지를 만들어주던 놀이터. 친구들이랑 학교 끝나고 거북알을 사 먹으려고 들리던 단골 슈퍼. 2002년 월드컵 승부차기를 앞두고 심장이 두근거려서 못 보겠다며 엄마랑 함께 기도하는 마음으로 걸었던 관리사무소 앞. 그 모든 것들이 네 눈잎에, 내 안에 여전히 그대로 남아있다.

그러니까 나는 이곳이었어야 했다. 혼자여도 혼자가 아닌 나의 집, 이별의 아픔보다 네 식구가 함께 찰랑거리며 빛을 내던 추억이 남아있는 유일한 나의 동네. 그러니까 나는 정말로 이 집이 좋다.

조급하지 않게 그러나 멈추는 법 없이

　수증기가 뽀얗게 피어오른 수영장 안은 마치 카메라 렌즈에 부드러운 필터를 낀 것처럼 아름답다. 겨울 아침 수영만이 줄 수 있는 낭만이다. 물살을 가르며 손을 뻗고 고개를 들 때마다 유리창 너머로 스며드는 빛과 나무 그림자가 물결 위로 아른거린다. 레몬빛 포근한 햇살과 수증기가 만들어낸 그 풍경은 마음을 설레게 했다. 고작 25m짜리 실내 수영장이지만 수영을 하고 있는 그 순간만큼은 여행을 떠나온 사람이 된다. 여기서 저기까지가 아니라 이 바다에서 저 너머 세상을 향해 항해하는 기분이다.

수영을 배우기 시작한 건 지금으로부터 두 해 전 12월부터다. 어릴 적 나는 겁도 많고 추위를 많이 타는 편이었다. 겨울이면 밖에 나가는 걸 싫어했고 물이라면 끔찍했다. 한여름에도 물속에서 덜덜 떨던 사람이 바로 나였다. 그런 나에게 수영은 그야말로 머나먼 별나라 이야기였다. 그러다 우연히 떠난 제주도 여행에서 엉터리 수영을 경험하면서 모든 게 달라졌다.

다 함께 놀러 간 수영장에서 친구의 물안경을 빌려 쓰고 잠깐 물에 뜬 순간, 발버둥에 가까운 몸짓으로 겨우 네 걸음쯤 전진했을까. 아주 짧은 찰나였지만, 그 순간 나는 수영에 대한 호기심과 아주 작은 자신감을 얻었다. 곁에 있던 사람들의 격려에 힘입어 나는 수영과 발버둥 사이를 오가며 조금씩 나아갔다. 그해 연말, 새해 목표 중 하나를 수영 강습으로 정했다. 곁에 있던 동생이 한마디를 더했다.

"굳이 내년까지 기다릴 거 뭐 있어? 그냥 지금 시작해. 그럼 1년 앞서 시작하는 거야."

그리하여 나의 첫 수영 강습은 1월도 아닌 12월에 시작되었다. 동생의 말대로 남들보다 앞서 새해가 시작된 기분이 들었다. 나의 첫 강습 수영장은 여성가족재단에서 운영하는 곳으로 여성 전용 수영장이다. 강습생도 강습 선생님도 수영장을 관리하는 직원들도 모두 여자뿐이다. 집에서 가장 가까운 수영장을 찾은 것뿐인데 샤워실을 헷갈릴 필요도 없고 편하고 좋다.

수영을 배우며 처음 알게 된 사실은 물에 뜨기 위해선 오히려 힘을 빼야 한다는 것이다. 그런데 물에 대한 두려움이 있는 사람에게 '힘을 뺀다'는 건 가장 어려운 일이다. 살고 싶다는 본능 때문에 자꾸만 몸에 힘이 들어가고 몸은 그대로 가라앉는다. 초급반에서는 힘을 빼는 연습부터 시작한다. 처음엔 킥판에 몸을 의지해 물 위에 떠보는 연습부터 하고 그다음에는 킥판 없이 맨몸으로 물 위에 뜬 채 발차기를 연습한다. 이후에는 호흡과 함께 앞으로 나아가는 법을 배운다. 마치 새로운 세계에서 첫걸음마를 떼는 것처럼 수영도 그렇게 단계별로 배운다. 한 걸음씩, 차근차근.

킥판 없이도 내가 물속에서 나아갈 수 있다니!

처음 킥판을 떼던 날의 감격은 아직도 잊히지 않는다. 누군가의 손이나 킥판에 의지하지 않고 맨몸으로 물속을 조금씩 나아갈 때 느꼈던 낯선 자유에 나는 매료되었다.

수영이라는 세계에 서서히 빠져들었고 강습이 끝난 뒤에는 집에 돌아와 유튜브를 보며 자세를 복습했다. 강습이 없는 날이면 자유 수영을 나갔다. 잠들기 전 틀어놓던 ASMR은 풀벌레 소리에서 바닷소리로 바뀌었다. 물소리를 들으며 잠들고 물속에 있는 꿈을 꾸다 깨어나곤 했다. 그렇게 수중의 시간이 내 일상으로 조금씩 번져가기 시작했다.

서른이 넘어서 처음으로 내 취향의 수영복을 사고 물안경 투명 케이스에 유치하고 요란한 스티커를 붙이며 사춘기 소녀가 된 것처럼 설렜다.

이십 대엔 모르는 것에 대한 두려움과 잘하지 못하는 것에 대한 부끄러움 때문에 새로운 시작을 망설였지만, 지금의 나는 모르는 것에 대한 호기심과 잘하지 못하는 것에 대한 용기가 생기고 있다.

조금 더 일찍 배웠더라면 어땠을까 하는 아쉬움이 스치다가도, 다양한 연령대가 함께 어우러진 초급·중급·상급 강습반을 보면 그게 뭐가 중요하냔 생각이 든다. 이미 모두가 앳된 얼굴로 천진하고 밝은 미소를 띠며 앞으로 나아가고 있는 걸.

2년 전 12월, 초급반 마지막 강습일에 선생님은 우리에게 이런 말씀을 해주셨다.

"수영을 잘하는 사람이 수영을 오래 하는 게 아니라 수영을 오래 하는 사람이 결국 잘하게 되는 것 같아요. 그러니 잘하려고 애쓰지 않아도 괜찮아요. 우리 오래 같이 수영해요."

그 말이 지금까지도 마음에 오래 남아있다. 수영뿐만 아니라 우리가 하고 있는 모든 일이 그런 것이 아닐까 생각한다. 그래서 나는 오래

해보기로 했다. 가라앉지 않도록 몸에 힘을 풀고. 조급하지 않게, 그러나 멈추는 법 없이 그렇게 앞으로 ~

공주병 졸업!

 어릴 때 제법 공주병이었던 나는 초등학생 때도 손수 고데기를 하고 등교할 정도였다. 그 시절 나는 머리카락을 돌돌 말아 만드는 웨이브 머리를 참 좋아했다. 잠깐 집 앞 슈퍼에 나갈 때도 옷을 골라 입고 밖을 나섰다. 엄마는 그런 나를 데리고 쇼핑가는 게 제일 힘들었다고 말하곤 했다. 원하는 옷이 나올 때까지 이곳저곳을 누비며 다닐 정도로 까다롭고 확실한 취향을 갖고 있었다고 말이다.

그 새침데기 소녀는 어느덧 성큼 자라나서 이제는 무릎이 잔뜩 마중 나온 회색 트레이닝 바지를 제 피부처럼 입고 여기저기 잘도 다닌다. 이제 쇼핑은 나에게 귀찮은 일이 되어버렸다. 청바지는 사 본 지 오래고 입기 편한 고무줄 바지만 늘어간다. 대학생 때는 맨얼굴로 다니는 건 상상도 못 했는데 이제는 특별한 스케줄 없는 날에 화장하는 게 상상이 안 된다. 점점 더 편한 게 좋다. 옛날에 스키니진은 어떻게 입고 다닌 걸까. 소녀시대 언니들이 유행시킨 컬러 스키니진이 옷장에 분홍색, 빨간색, 파란색 차곡차곡 쌓여있던 그 시절이 아득하기만 하다.

어제는 수영장 탈의실에서 거침없이 탈의하다가 문득 사춘기 시절이 떠올랐다. 친구들과 찜질방 가는 게 유행이던 그 시절, 나는 제일 늦게 탈의를 하고 수건으로 몸을 가린 채

까치발을 들고 살금살금 걸었던 것 같은데 이제는 샤워실에 자리가 없을까 봐 탈의실에 들어서는 순간 훌러덩 서둘러 탈의한다. 어색하고 부끄러웠던 것들이 이제는 더 이상 어색하지도 부끄럽지도 않다. 그때는 뭐가 그렇게 수줍고 부끄러웠는지.

아마도 그땐 모두가 나를 시켜보고 궁금해한다고 생각했던 것 같다. 실상은 그렇지 않았는데도 어린 마음에 부지런을 떨며 괜한 노력을 다했다. 공주는 공주를 알아본다고 했던가. 이제 그때의 나는 사라지고 없지만 가끔씩 공주의 자태를 뽐내며 저 멀리서 걸어오는 꼬마 아가씨를 마주할 때면, 그 시절의 내가 떠올라 웃음이 난다.

커다란 티셔츠에 무릎 나온 트레이닝 바지를 입고 수영장으로 향하는 길, 세수도 안 한 얼굴로 나의 모교 초등학교를 지나친다. 교실

안에 얌전히 앉아있는 어린 내 모습을 떠올려 본다. 탱글탱글한 웨이브 머리를 하고 앉아있는 새침데기 아가씨, 미안하지만 20년 뒤 너는 수줍음도 부끄러움도 사라진 맨얼굴을 하고 있을 거야. 하지만 여전히 행복하고 즐겁게 살고 있어, 그러니 용서해 줘!

실실 웃음이 새어 나온다. 공주병을 졸업한 나는 씩씩한 걸음으로 수영장으로 향한다. 샤워실 한자리를 차지하기 위해 오늘도 재빠르게 탈의할 자신이 있다.

누룽지 숭늉

밥통에서 밥을 꺼내 프라이팬 가득 꾹꾹 눌러 넓게 펼친다. 약불로 노릇하게 구워 누룽지를 만든다. 그런 다음 손으로 제각각 뜯어서 끓는 물에 넣고 삶으면 뜨근한 누룽지 숭늉이 된다.

고작 초등학생 고학년쯤이었을까, 아니면 이제막 교복을 엉성하게 입기 시작한 중학교 1학년 때였나. 그 무렵 엄마는 자주 체하고 아팠다. 기운이 없는 엄마를 위해 부엌으로 달려가 내가 할 수 있는 거라곤 누룽지 숭늉이 전부였다. 별 반찬이 없어서도 술술 넘어가는 구수한 누룽지 숭늉. 내가 좋아하는 맛이니까 엄마에게도 좋을 거라는 믿음이었다.

그 후로도 몇 번 더 나의 숭늉은 엄마를 일으키는 힘이자 우리만이 아는 눈물 젖은 식사가 되었다. 엄마와 떨어져 지낸 세월이 점점 늘어 갈수록 희미해지는 것들과는 반대로 누룽지 숭늉에 대한 기억만큼은 짙어져 때때로 엄마는 '큰딸이 해준 누룽지 숭늉이 참 맛있었는데' 하고 툭 추억을 던지기도 한다. 그 시절의 기억이 나에겐 여전히 조금은 아파서 못 들은 척 넘기기도 했다.

며칠 전 결혼을 앞둔 동생의 드레스 투어를 마치고 한상 가득 차림이 좋은 한정식집에 갔다. 솥밥에 있는 밥을 그릇에 덜어내고 뜨거운 물을 부었다. 생선구이와 맛있는 반찬들과 고슬고슬한 밥으로 허기를 채웠지만 내 마음은 솥에서 부글부글 끓고 있는 누룽지 숭늉을 향해 있었다. 솥뚜껑을 열자 뜨거운 열기가 얼굴 위로 피어올랐다. 푸근하고 고소한 누룽지 숭늉 냄새를 맡으며 한 숟갈을 떠넘기니 그제야 허기진 마음이 제대로 채워졌다.

작은딸의 드레스를 고르고 나니 묵은 신장이 한 번에 풀린 건지 엄마는 아무래도 체한 것 같다며 한 숟갈도 제대로 넘기지 못했다. 창백한 얼굴로 알약과 소화제를 넘기면서도 연신 괜찮다는 엄마에게서 애써 시선을 돌려 솥 안 뽀얗게 올라온 숭늉을 떠 삼켰다.

중학교 3학년 겨울 이후로 떨어져 지낸 세월 동안 엄마를 자주 만나긴 했지만 그만큼 우리는 자주 이별해야 했다. 만나고 헤어지기를 반복하며 그 사이 우리는 고등학교에 입학하고 졸업했고 대학에 입학하고 또 졸업을 했다.

그리고 어느덧 결혼을 앞둔 막내딸을 보며 엄마는 어떤 마음이었을까.

아마 영영 나는 엄마의 마음을 알 수 없을 테다. 그저 엄마의 속이, 엄마의 마음이 편해지기를 바라는 마음으로 식사를 마쳤다. 엄마의 마음 속에 그늘이 걷히고 따듯한 햇살이 내려앉았으면….

내가 해줄 수 있는 거라곤 고작 누룽지 숭늉이었던 그 시절을 지나 이제는 더 맛있는 것들을 많이 해줄 수 있어요.

나의 독립 여정기

독립한 지 어느덧 9년 차에 접어들었다. 기억이 존재하는 순간부터 대학 졸업 때까지 살았던 주공아파트 712호는 내 인생의 출발점이자 종착점이었다. 걸음마를 처음 뗀 것도, 자전거 페달을 처음 굴려본 것도, 롤러브레이드를 타겠다며 헬멧과 무릎 보호대를 착용하고 비장한 마음으로 밖을 나선 것도 모두 이곳에서 시작되었다. 10개의 동이 모여 있던 작은 동네는 나를 길렀고, 그 시절 함께 모여 살던 우리는 서로를 자라나게 했다.

 헬멧을 벗고 제법 머리가 굵어질 즈음, 아파트 복도에 앉아 시끌벅적하게 소꿉놀이를 하던 친구들이 하나둘씩 떠나가기 시작했다. 사춘기를 겪으며 서서히 멀어지기 시작한 옆집 윤미네도 이사를 가면서, 우리만 남았다. 새로운 사람들이 이사를 오고 또 떠나는 동안에도 묵묵히 그 자리를 지키며 우리는 자랐고 아빠는 나이를 먹어갔다.

 아빠는 딸들이 대학을 졸업하면 회사를 그만둘 거라고 종종 말씀하셨다. 그 말은 곧 우리의 독립을 의미했다. 107동 712호를 떠나는 날이 우리에게도 올까. 그건 마치 달팽이가 자신의 등껍질을 벗는 것만큼이나 낯설고 이상한 일처럼 느껴졌다.

 스물여섯, 꽃다운 청춘에 결혼을 하고 허니문 베이비로 쌍둥이를 얻어 삶을 바쳤던 부모님은 매일같이 일을 했다. 엄마는 때때로 집으로 부업을 가져와 헤어핀에 들어가는 리본을 만들었고 네모난 나뭇조각 틈에 목공용 본드를 짜고 그 위에 흰 끈을 붙여 피아노 부속품을 만들기도 했다. 좁은 안방에서 동생과 함께 엄마 옆에 붙어 앉아 고사리손으로 거들겠다고 했던 기억이 난다.

아빠는 첫 직장이 마지막 직장이 될지도 모른 채 아득한 시간을 견뎌야만 했다. 이십 년 하고도 칠 년 동안 한자리를 지키는 아빠의 마음은 어땠을까. 모두가 하나둘 떠나는 동안 홀로 남았던 우리 집처럼 함께했던 동료들이 하나둘 떠나고 불안정한 분위기 속에서 눈칫밥을 먹으면서도, 아빠는 큰딸이 대학을 졸업할 때까지 이 악물고 버텼다. 스물여섯 청년은 쉰이 되어서야 그곳을 나올 수 있었다.

2016년 12월 30일, 107동의 터줏대감처럼 긴 세월을 버텨온 집에서 묵은 짐들이 빠져나가는 모습은 마치 한 채의 건물이 허물어지는 듯했다. 그 작은 집에 얼마나 부지런히 차곡차곡 세간을 쌓아왔는지, 한 집에서 나왔다고는 믿기 어려울 만큼 많은 물건들이 쏟아져 나왔다. 유치원 미술 앨범부터 초중고 성적표, 이제는 함께할 수 없는 네 식구의 여행 사진, 그리고 고된 직장 생활을 꿋꿋이 버티며 남몰래 적어 내려갔을 아빠의 수십 권의 일기장까지…. 우리 인생이 그 안에 고스란히 담겨 있었다.

모든 세간이 빠진 텅 빈 집은 불과 어젯밤까지 우리가 누웠던 곳이라 믿기지 않을 만큼 낯설었다. 벽에 그을린 세월의 흔적을 손끝으로 만지며 묵은 인사를 건넸고, 우리는 떠났다. 그렇게 내 인생의 새로운 챕터가 시작되었다.

지금도 웃으며 지나가듯 이야기하지만 가장 힘들었던 에피소드를 말해보라고 한다면 고민 없이 대답할 수 있다. 동생과 둘이서 앞으로 살아갈 집을 알아보던 그때가 가장 힘들었다고.

퇴사 날까지도 야근을 감당해야 했던 아빠는 우리에게 전세자금을 주고 직접 이사 갈 집을 찾아보라고 하셨다. 당시에는 막막했지만 돌이켜 보니 그 시간이 우리를 더욱 단단하게 만들었다. 우리는 틈틈이 부동산 앱과 인터넷을 통해 매물을 알아보고 마음에 드는 집들을 저장했다. 쉬는 날이면 부동산에 전화를 걸고 여러 집을 보러 다녔다. 집 상태가 좋으면 접근성은 말도 안 되게 떨어졌고 지하철역과 가까울수록 집은 작아졌다. 당연한 이치였다. 그런데도 매번 속은 것 같은 기분으로 이 집 저 집을 다니며 우리는 점점 지쳐갔다.

그러던 어느 날, 집 앞에서 만나기로 한 부동산 중개인이 나타나지 않았다. 전화를 하면 비밀번호를 문자로 보내줄 테니 그냥 알아서 보고 오라는 말뿐이었다. 대체로 이런 식이었다. 목소리가 어려 보여서였는지, 아니면 돈이 되지 않는 매물이어서 그랬는지는 모르겠지만 중개인 없이 우리끼리 집을 보고 돌아오는 날이 많았다. 그런데 하필 그날은 내 핸드폰 배터리가 위태로웠고 중개인에게서 문자가 도착하기도 전에 핸드폰이 꺼져 버렸다. 주변을 둘러봐도 아무것도 없었다. 조금 걸어서 겨우 발견한 김밥집에 앉아 우리는 김밥 한 줄을 시켜놓고 핸드폰을 충전했다. 차가운 김밥을 씹으며 핸드폰이 켜지기만을 기다렸다.

  어렵게 확인한 비밀번호를 누르고 들어간 집은 허무할 정도로 오래된 냄새가 났다. 사람이 산 흔적이라고는 느껴지지 않을 만큼 바닥이 차가웠다. 구석에 주렁주렁 달린 거미줄을 애서 못 본 척하며 밖으로 나왔다. 동생과 나는 아무 말도 하지 않고 그 먼 길을 되돌아왔다. 입을 꾹 다문 채로도 우리는 같은 생각을 하고 있었다.

우리의 생각보다 더 작은 집으로 갈 수도 있겠구나. 앞으로는 우리끼리만 아는 비밀들이 늘어가겠구나.

그러나 저 언덕 동네로 가는 일은 없을 거라고. 길에 누워있던 죽은 까마귀의 잔상을 지우려고 두 눈을 꼭 감은 채 두 손을 맞잡았던 우리는 다행히 다른 동네에 자리를 잡았다.

우리의 첫 집은 살던 곳에서 버스로 20분쯤 떨어진 곳으로 사거리 안쪽에 있는 5층짜리 빌라였다. 한 층마다 세 가구가 살았고 1층은 주차장이라 우리가 살았던 2층이 실질적인 1층인 셈이었다. 아파트를 떠난 것도 처음이었고 동생과 나 둘이서만 사는 것도 처음이라 여러

모로 걱정되기도 했지만 서로 의지하며 기운을 냈다. 중국으로 떠나며 두고 가는 딸들이 걱정돼 슈퍼집에 잘 부탁한다고 인사를 하던 아빠의 뒷모습을 보며 이제 정말 동생과 내가 그의 둥지를 떠났다는 것을 실감했다.

처음엔 2년만 살아야지 했던 그 집에서 우리는 4년 남짓을 살았다. 처음으로 각자의 방을 갖게 된 설렘도 잠시, 마주 보고 있는 방문을 열어 놓고 수다를 떨며 밤을 지새우기도 했다. 그러다가도 싸우는 날이면 문을 쾅 닫고 각자의 방에서 고독한 시간을 보내기도 했다. 시간이 조금 지나고 들려오는 작은 노크 소리에 나가보면, 깎아놓은 참외와 귀여운 쪽지가 붙어 있었다. 평생을 함께했지만 둘이서 사는 건 처음이라 서로의 다름을 이해하지 못해 정말 많이 싸우고 미워하기도 했지만, 그만큼 서로가 얼마나 다른 존재인지 알 수 있어 다행이었다. 다름을 깨닫고 이해하는 과정이 지나고 나니 애틋한 마음만 남았다.

    촬영으로 장기간 집을 비우게 되는 날이면 혼자 있을 동생 생각에 수시로 연락하며 안부를 챙겼다. 동생은 맛있는 걸 먹으면 나를 주겠다고 꼭 챙겨 오고는 했다. 언젠가는 프랑스 요리 클래스에 초대되어 핑거 푸드를 만들었다면서 이름 모를 디저트를 챙겨 오기도 했다. 어딘가 가냘프게 생긴 디저트였다. 서울에서 집까지 오면서 내내 내 생각만 했다며 가방에서 조심스럽게 작은 은박지 뭉치를 꺼내던 동생을 보며 눈물이 났다. 그냥 먹지. 하면서도 얼른 한입에 쏙 넣었다. 금세 녹아 없어지는 음식을 삼키며 마음이 뜨끈해졌다.

    그 시절의 우리는 서로에게 아빠이자 엄마였다. 부모님에게 말 못 할 시시콜콜한 이야기와 어려움은 서로에게 털어놓았고 자연스레

둘만의 비밀에 부쳤다.

    내가 온실 속 화초가 아니라는 것은 진작에 깨달았지만, 독립 후 첫 1년은 현실이라는 매서운 바람을 맨몸으로 버티는 시간이었다. 이제 막 졸업한 나는 배우의 꿈과 취업의 기로에서 흔들리며 괴로웠고, 아직 학부생이었던 동생은 집과 학교를 오가며 수많은 고민으로 마음이 복잡했을 것이다. 다만 우리는 마치 약속이라도 한 듯 힘든 일이나 속상한 일이 생겨도 부모님 앞에서는 입을 닫았다. 잘 사는 모습만 보여주고 싶어 그저 웃었다. 삼키기만 하고 제때 터트리지 못한 억울함은 뒤늦게 터져 나와 가끔 엉뚱한 타이밍에 눈물이 쏟아지기도 했다. 그럴 때면 아빠도 엄마도 가만히 우리의 눈물을 닦아주었다. 자식이 제 그늘을 가린다고 부모의 눈에 다 가려질 리 없는데도 우리는 꿋꿋이 그런대로 잘 견뎠고, 잘 지냈다.

스물여섯, 내 부모는 어떻게 이 여린 나이에 동갑내기 딸 둘을 낳아 길러냈을까. 그때의 우리는 우리를 먹이는 것만으로도 벅찼다.

우리 자매의 두 번째 집은 아파트였다. 오래된 아파트였지만 방 두 개에 베란다와 거실이 있다는 것과 집의 중앙에 화장실이 있다는 게 마음에 들었다. 그전에 살던 빌라는 현관 바로 옆에 화장실이 있어서 겨울이면 샤워를 생략하고 싶을 만큼 추위를 견디며 씻어야 했다.

거실에 처음 소파를 들였을 때는 감개무량하기까지 했다. 거실 소파에 앉아 TV를 보며 동생과 떠들며 보낸 날들은 소소하지만 행복한 시간이었다. 하얀색 페인트를 사서 낡은 문틀을 칠하고 베이지색 커튼을 달고 베란다 타일 위에 카펫을 깔고⋯ 하나 둘 살림을 채워나가며 꿈같은 날들을 보냈다. 시간이 지나고 알게 된 이야기지만 동생은 이사 온 첫날부터 기도했다고 한다. 다음 집은 더 좋은 곳으로 갈 수 있게 해달라고 말이다. 참 동생답다고 생각했다. 항상 다음을 생각하며 멀리 내다보던 내 동생은 두 번째 집을 끝으로 독립을 끝내고 결혼을 했다. 그리고 기도의 응답을 받아서 훨씬 좋은 신혼집으로 갔다.

동생의 결혼과 동시에 시작될 홀로서기를 위한 '진짜 독립'을 준비하면서 깨달았다. 우리가 보낸 8년의 시간은 함께이었기에 가능했다는 것을. 독립할 첫 집을 알아보며 서러움과 추위를 견딜 수 있었던 것도, 층간 소음으로 힘들었던 일을 견딜 수 있었던 것도 모두, 어버이날이면 부모님 대신 나에게 맛있는 밥을 사주던 동생 덕분이었다. 나조차 나를 믿지 못해 꿈을 포기하고 싶던 어느 날, 나를 대신해 굵은 눈물을 뚝뚝 떨어뜨리던 동생의 새빨간 얼굴이 아직도 잊히지 않는다. 나보다도 더 나를 믿어주는 사람이 있다는 사실이 나를 살아가게 한다.

이제는 동생과 함께 살고 있진 않지만 그전과 다름없는 날들을 함께 하며 지낸다. 함께 수영을 다니고, 글 작업을 위해 차를 타고 멀리 조용한 카페를 찾아다니기도 한다. 동생의 신혼집엔 언제나 나를 위한 자리와 음식이 준비되어 있다. 주문한 택배 박스에는 똑같은 물건이 두 개씩이다. 냉동식품부터 소소한 생활용품까지 한가득 쇼핑백에 담아두는 동생의 모습에서 깊은 사랑을 느낀다.

아직 3개월 밖에 되지 않았지만 혼자 사는 게 쓸쓸하지는 않다. 혼자 눈을 감고 혼자 눈을 뜰뿐이지 내 하루에 함께해 주는 이들이 있어서 여전히 든든하다. 살다가 외롭거나 힘든 순간이 올 수도 있겠지만 그 또한 지나가리라.

지난 시간에서 내가 깨달은 사실이다. 내 할 일을 놓치지 않고 하루 이틀 보내다 보면 모든 건 지나간다. 그러니 두려울 건 없다.

알고 싶은 마음

한동안 뒤늦게 MBTI에 빠져 지냈다. 궁금한 사람이 생겼기 때문이었는데, 그에 대한 아주 작은 힌트는 MBTI뿐이라 언제 만날지도 모르는 그 사람을 떠올리며 그 작은 힌트를 지도 삼아 혼자 상상 속 이곳저곳을 돌아다녔다.

나와 비슷하지만 한편으로는 아주 다른 유형의 사람, 관계를 발전시키기엔 다소 어려운 타입일 거라며 겁을 주는 탓에 그의 MBTI 특징을 찾아보면 찾아볼수록 왠지 모르게 힘이 빠졌다. 그러다가도 괜스레 이상한 승부욕 같은 것이 스멀스멀 피어오르기도 했다. 그 후 다시 만나게 되었을 때 미리 예습해둔 MBTI 공략 방식대로 그에게 다가가려고 나름의 노력을 했다. 그러다 어느새 긴장이 풀어져 내 마음 가는 대로 솔직한 시간을 보냈다. 다만, 여기서 나의 허점이 드러나고 마는데…

 그의 MBTI는 알았어도 연인의 존재는 몰랐던 나는 크게 김이 새고 말았다. 동시에 웃음이 났다. 조금은 허탈했고 조금은 웃겼다. 결국 중요한 건 MBTI가 아니었는데 말이다.
 당시 빌렸던 소설 <MBTI가 어떻게 되세요?>가 연체가 되었다며 도서관에서는 나에게 경고 메시지를 보내기 시작했고, 몇 번의 경고가 쌓인 오늘에서야 나는 그 책을 놓아주었다. 반납 전에 부랴부랴 페이지를 넘기며 읽어 내려가던 나의 시선이 멈춘 문장이 있다.

'그래도 나는 MBTI가 좋아. 누군가를 알고 싶은 마음이라니 기특하고 귀엽잖아.'

기특하고 귀여운 나는 네가 알고 싶었어.
아마 너는 꿈에도 모르겠지!

소설을 쓰고

 며칠 전 모르는 아이디로 누군가 나에게 인스타그램 메시지을 남겼다. 새벽에 나의 짧은 소설집 『길을 걷다가 넘어지면 사랑』 속 단편 이야기를 읽고 주인공의 마음이 궁금하다며 보낸 메시지였다. 지수(주인공)의 마음을 궁금해하는 누군가의 메시지에 이른 아침부터 마음이 설렜다. 오랜 시간 내 안에만 존재했던 인물들이 이제는 누군가의 세상에서도 함께 살아가고 있다는 걸 깨닫는 순간이었다.

작년 여름은 내게 스치는 모든 것이 스토리보드였다. 소설을 쓰겠다고 결심한 이후, 길에 떨어진 영수증 하나도 예사롭지 않게 보였다. 지하철 의자에 앉아 책을 읽고 있는 남자와 누군가와 통화를 하며 심각해 보이는 여자의 얼굴도 캐스팅 리스트에 올랐다. 새로운 풍경들은 새로운 이야기를 꿈꾸게 했고 익숙한 공간들은 친근한 기억들을 불러일으켰다. 그 기억들을 새롭게 각색하며 이야기를 썼다.

  에세이를 쓰던 시간과 달리, 소설은 나에게 자유를 주었다. 원하는 방향으로 얼마든지 나아갈 수 있는 자유는, 늘 선택의 기로 앞에서 갈팡질팡하며 고민하던 나에게 새로운 해방감을 선물했다. 소설 속에서는 무엇이든 할 수 있었고 선택의 순간마다 솔직한 마음이 향하는 방향으로 달려갈 수 있었다. 달리는 이들은 내가 아닌 소설 속 주인공들이었지만, 동시에 나였다.

사실 처음부터 소설을 쓰고자 했던 것은 아니었다. 두 번째 책을 계약했을 당시, 애당초 목표는 에세이 출간이었다. 첫 책 출간 후 3년 사이, 나에게는 많은 일과 변화가 있었다. 그 이야기들을 에세이로 내면 좋을 것 같다는 출판사의 제안을 받아들였다. 그 후 원고 작업을 이어갔지만 어딘가 계속 막히는 기분이 들었다. 원고 한 편을 끝내는 게 어려웠다. 그렇게 [작업 중]이라는 꼬리가 달린 원고들이 쌓여갔다. 내 안에 쌓인 이야기와 변화는 많았지만 어디서부터 어떻게 꺼내야 할지 막막했다. 아직 설익은 내 마음이 혹시나 다치지 않을까, 스스로 조심하고 있다는 사실을 깨달은 후에야 출판사에 솔직하게 털어놓았다.

"나 소설이 쓰고 싶어."

6월 서울국제도서전을 목표로 에세이가 아닌 여름 소설집을 내고 싶다는 나의 엉뚱한 고백을 받아준 출판사 덕분에 나는 방향을 틀

수 있었다. 그다음부터는 앞만 보고 달리는 사람처럼 그렇게 계속 글을 썼다. 제대로 된 소설 작업은 처음이었지만 마음 한 구석에서 남몰래 소설을 써왔던 나에게 빈 페이지들은 황무지의 막막함이 아닌 무엇이든 일궈낼 수 있는 비옥한 땅처럼 여겨졌다. 심으면 심는 대로 자라는 땅에서 새로운 것들을 심고 돌보며 이야기를 만드는 재미를 만끽했다.

오랫동안 마음에 품어둔 이야기를 꺼내보기도 하고 몇 해 전 작업했던 시나리오를 소설로 옮기며 새롭게 각색하기도 했다. 한 인물을 행복하게 해주고 싶어서 시작된 이야기도 있었고, 또 어떤 이야기들은 끝을 정하지 않고 시작되었다. 주인공의 마음이 향하는 곳으로 따라가 보다 보면 어느새 새로운 곳에 도착할 수 있을 거라고 생각하며 그의 뒤를 따라 걷기도 했다.

소설집에 수록된 7편의 이야기 속 주인공

들은 모두 어디선가 살아가고 있을 것만 같은 평범한 인물들이다. 각자의 인생에서 어딘가 기울어진 마음을 안고 살아가는 그들이 결국 넘어지기를 바라는 마음으로 소설을 썼다.

   현실의 무게가 아무리 무겁더라도 때로는 남몰래 마음속에 품은 꿈의 무게가 더 무거울 때가 있다. 모른 척하며 버티는 삶보다는 차라리 용기 내어 넘어지기를 바랐다. 넘어지는 자리에서 새로운 이야기가 시작된다고 믿는다. 그게 시작이 될지 끝이 될지는 알 수 없지만 시작과 끝 모두 용기 낸 이에게 주어지는 결실이라는 점에서 그 어떤 결과라도 소중하다는 사실만은 변함이 없다.

   소설을 출간한 뒤 한동안은 꿈같은 시간을 보냈다. 독특한 책 제목 덕분인지 『길을 걷다가 넘어지면 사랑』은 작년 서울국제도서전에서 첫 공개와 동시에 큰 관심을 받았다.

'우리 넘어질 용기로 사랑을 해요. 쿵.'

책의 첫 페이지마다 마음을 담아 친필 문장을 새겨 넣으며 내 안의 어딘가에서도 쿵, 하고 묵직한 무게가 느껴졌다. 비로소 내 마음이 기운 방향으로 넘어진 기분이었다.

내 소설을 읽은 지인들은 꼭 한두 마디씩 나에게 묻는다. "이거 네 이야기 아니냐"라고. 그럴 때마다 나는 고개를 갸우뚱거린다. 글쎄 내 이야기 같기도 한데, 내 이야기는 아니라고. 삶이 퍽퍽해서 내 이야기를 쓸 여유가 없던 찰나에 도망치듯 떠난 소설에서 결국 나는 내 이야기를 꺼냈다. 주인공의 마음 한구석을 빌려 내 마음을 표현했고, 목소리를 빌려 지난 일을 사과했다. 소설을 쓸 때는 몰랐는데 한 권의 책이 되어 내 손에 쥐어지니 페이지마다 내가 보여 혼자 마음이 붉어졌다. 그럼에도 시치미를 떨 수밖에.

"나는 정말 몰라요. 지수의 마음이 언제부터 시작되었는지, 다음에 만나게 되면 한번 물어볼게요."라고.

작년 여름, 소설을 쓰지 않았다면 두 번째 에세이를 쓸 용기를 내지 못했을 거다. 소설 속 주인공들에게 건넨 용기를 이제는 나에게 줄 차례다.

책을 빌리는 마음

 나는 책을 좋아한다. 네모반듯한 책을 손에 쥐고 걸을 때면 하나의 세계가 내 손안에 들어온 것 같아 괜히 더 묵직하게 느껴진다. 예전엔 책 한 권을 끝까지 읽는 게 어려웠다. 집중력의 문제라기보다는 흡입력이 강한 책일수록 그 세계를 떠나고 싶지 않아 천천히 맴돌며 더디게 페이지를 넘기곤 했다. 쇠뿔도 단김에 빼라고 했던가. 그렇게 더디게 넘긴 페이지들은 결국엔 흥미를 잃고 끝내 결말에 닿지 못하는 경우가 많았다. 그래서 이제는 흥미로운 책일수록 멈추지 않고 끝까지 읽어 내려간다.

책이 왜 좋을까 생각해 보면 여러 이유가 있겠지만, 아마도 어린 시절 도서관에서의 경험 덕분일 것이다. 내가 다닌 초등학교는 동네에 있는 작은 학교였다. 외관은 낡고 평범했지만 도서관만큼은 당시 새로 지어졌던 것으로 기억한다. 교실과는 달리 쾌적하고 환한 도서관은 한동안 아이들에게 인기였다. 시끌벅적한 복도를 지나 도서관 문을 열면 마치 새로운 세계에 들어선 것처럼 고요하고 따뜻했다. 책으로 가득 찬 그 공간에서는 교실과는 다른 냄새가 났는데, 나는 그때 처음으로 '책 냄새'라는 게 있다는 걸 알게 되었다. 나는 쉬는 시간마다 친구들과 도서관에 들어가 각자 흩어져 책을 고르고 자리에 앉아 펼쳐 읽었다.

읽고 싶은 책은 얼마든지 읽을 수 있지만

다 읽은 책은 다시 제자리에 꽂아두어야 한다는 것, 떠들면 안 된다는 것 등 도서관의 예절과 규칙들이 어린 나에게는 왠지 근사하게 느껴졌다. 무엇보다 도서관에 들어서는 순간부터는 나 혼자만의 시간을 보낼 수 있다는 점이 좋았다.

어린 시절의 나는 작은 체구만큼이나 여러모로 작은 아이였다. 관심받기를 원하면서도 때때로는 투명인간이 되는 상상을 하던— 용기가 부족하고 낯을 가리던 초등학생이던 나에게 도서관은 아주 좋은 놀이터였다. 그때는 책을 좋아했다기보다는 도서관이라는 공간을 좋아했고 책과 친해지기 좋은 시절이었다.

처음 책과 친해진 공간이 도서관이어서인지 여전히 서점보다 도서관을 더 좋아한다. 깔끔하게 진열된 빳빳한 책들에는 어쩐지 쉽게 손이 가지 않는다. 물론 서점에서 책을 구입할 때만 느낄 수 있는 뿌듯함도 있다. 한 번도 누구에게 펼쳐진 적 없는 새 책을 처음 펼칠 때는 묘한 책임감마저 느껴진달까. 그럼에도 불구하고 때때로 손때 묻고 낡은 책이 그리워 도서관을 찾게 된다.

읽고 싶은 책의 이름을 검색하고 책의 위치를 출력하고, 종이에 적힌 청구기호를 힌트 삼아 미로 같은 책장 사이를 오가는 여정이 좋다. 수많은 책들 속에서 내가 찾던 단 한 권을 마침내 발견했을 때의 소소한 반가움도 좋다. 가끔은 예상치 못한 상태의 책을 마주하곤 한다. 손때가 잔뜩 묻은, 너덜너덜한 책을 마주할 때면 이 한 권의 책을 거쳐 간 수많은 사람들과 그 시간들을 어림짐작해 본다. 여기저기 긴 여행을 떠돌다 마침내 내 손에 닿은 이 책을, 구석구석 깨끗이 읽어 주어야겠다고 마음먹는다.

때때로 빌려온 책에서 누군가의 흔적을 발견하게 되는 경우도 있다. 책갈피처럼 꽂혀 있는 도서관 대여 영수증이나 연필로 흐릿하게 그어둔 밑줄 같은 것들이다. 도서관 이용 예절에서 벗어난 행동이라는 걸 알지만 그 흔적들이 왠지 반갑게 느껴진다. 나보다 먼저 이 책을 펼쳤을 그들의 흔적을 넘나들고 있다 보면 마치 함께 책을 읽는 듯한 기분이 들어 마음이 든든해진다. 나와 같은 책을 읽는 누군가를 상상하는 일은 꽤나 로맨틱하게 느껴지기도 한다. 같은 나라를 다녀온 여행자라도 만난 것처럼 이 여정을 먼저 끝낸 사람들을 따라 나도 완주하고 싶어진다.

　엊그제도 굳이 도서관에 가서 책을 빌렸다. 청구기호가 적힌 종이를 들고 고요한 도서관 책장 사이를 드나들다 나를 기다리고 있는 책에 손을 뻗었다. 수많은 손길이 닿았을 그 책에 내 손이 닿는 일, 로맨틱한 일이 아닐 수 없다.

월요엔 통닭을

매주 월요일마다 아파트 단지에 월요시장이 선다. 호떡, 옛날 통닭, 곱창볶음, 뻥튀기, 화분 정도를 파는 작은 규모라서 시장이라고 붙이기엔 애매하지만 그래도 아파트 입구에서부터 코끝에 살랑살랑, 따듯한 통닭 냄새와 달콤한 호떡 냄새가 스칠 때면 오늘이 월요일이었지 하고 새삼 깨닫는다.

월요시장에서 내가 제일 좋아하는 건 옛날 통닭이다. 치킨이 당기는 날에 혼자 먹기도 하고 가족들이 놀러 오는 날이 마침 월요일이면 집에 모여 앉아서 함께 통닭을 뜯었다. 즉석에서 튀겨주는 옛날 통닭은 주문을 해놓고 15분 뒤에 다시 찾으러 가야 하는 수고스러움이 있지만, 기다린 만큼 갓 튀겨 나온 깨끗하고 고소한 맛이 일품이다. 주로 옛날 통닭을 선호하는 편이지만 요즘 들어서는 옛날 통닭과 함께 판매하는 매콤한 소스로 듬뿍 코팅된 닭강정이 더 끌리기도 한다. 어찌 되었든 치킨은 옳다.

지난주 목요일쯤엔 느닷없이 월요시장 옛날 통닭이 먹고 싶어져서 얼른 월요일이 오기만을 기다렸는데, 어제오늘 다르다고 막상 월요일이 오니까 시큰둥해졌다. 수영 끝나고 집으로 오는 길에 잠깐 고민하다가 그냥 집으로 올라왔다. 엊그제 치킨을 먹기도 했고 혼자 살다 보니 치킨 한 마리를 사 먹는 것도 괜히 망설여진다. 하지만 결국 밥을 안쳐놓고 다시 밖으로 나왔다. 남기면 내일 점심으로 먹으면 되겠지 뭐. 오늘이 지나면 또 다음 주 월요일까지 기다릴 자신은 없으니 당겨먹는다는 생각으로 옛날 통닭 트럭 앞으로 성큼성큼 향했다.

어서 오세요.
기다렸다는 듯이 빠르게 인사를 건네시는 사장님께 서둘러 닭강정을 주문했다. 옛날 양념 맛으로 주세요. 계좌이체로 결제하고 설레는 마음으로 기다리고 있는데 사장님께서 말을 걸어오셨다.
이거 맛 좀 볼래요? 갈비 맛도 맛있거든. 근데 꼬치가 다 떨어졌네.
내가 얼른 손으로 받으려고 하자, 맨손은 안된다며 비닐장갑과 함께 갈비 맛 닭강정과 떡을 한 덩이씩 건네주셨다. 평상시엔 시니컬하셨던 것 같은데… 이게 웬 떡인가 싶어서 뜨거운 떡을 입안에 집어넣고 입천장이 델까 봐

헐레벌떡 식혜 먹는 중에 사장님이 한숨을 내쉬셨다.

아니, 오늘 손님이 정말 없는 거야… 오늘이 제일 없었어.
아… 오늘 공휴일이라서 다들 놀러 가서 그래요.
그런가 봐, 진짜 없더라고. 아 그리고 나중엔 갈비 맛도 사 먹어봐요, 맛있지 않아요?
맛있어요. 전에 양념이랑 갈비 반반으로 사 먹고 맛있어서 또 온 건데.. 히히(진짜 이렇게 웃음) 여기 치킨 맛있어서, 생각나요.

나도 모르게 진심이 툭 튀어나와 버렸다. 너스레를 떠는 성격도 아닌데 사장님의 근심어린 얼굴을 보니 불쑥 용기가 생겼는지 맛있다고 엄지까지 올려 드리고 닭강정이 담긴 봉투를 손에 쥐고 돌아섰다. 심장이 쿵쾅쿵쾅.

쑥스러워서가 아니라 사장님에게서 아빠의 모습이 보여서 나도 모르게 그만 혼자 마음이 찡해졌다. 중국에서 한식당을 운영한 지 올해로 10년 차가 되는 아빠는 손님이 없는 날이면 영상통화 화면 너머로 몇 번씩 기운 없는 모습을 내비치곤 했다. 그럴 때마다 힘내라는 말밖에는 해줄 수 없어서, 자기 전에 꼭 기도했다. 내일은 손님이 조금은 더 늦게 해달라고, 단골손님들이 와서 아빠한테 기분 좋은 에너지를 건네주면 좋겠다고 기도했다. 다행히 중국의 연휴는 곧 가게의 대목이라 아빠는 바쁘게 잘 지내고 있다고 했다.

갓 소스에 볶아 따끈따끈한 닭강정을 품에 안고 집으로 돌아왔다. 앞 접시를 꺼내 먹을 수 있는 만큼 한가득 덜어냈는데도 여전히 양이 꽤 남는 걸 보니, 사장님이 내가 예뻐서 더 담으셨거나 아니면 손이 크신 건지 아리송하긴

하지만 마음만큼은 따듯해졌다. 내 주머니 사정도 넉넉하진 않지만 그래도 가끔 월요일마다 통닭을 사 먹어야겠다. 기분도 좋고 맛도 좋으니까. 당장에 아빠 가게가 있는 중국으로 갈 순 없지만, 그래도 집 앞에 있는 통닭은 사 먹을 수 있겠단 생각이 든다.

독백이라 착각하기 쉽다

배우로서의 기회와 경험들은 쌓여 가는데 함께 쌓여 가는 고민을 나눌 동료가 없었다. 연기를 전공했던 친구들과는 졸업 이후 각자의 삶의 모양이 달라졌고 예전처럼 연기에 대해 이야기를 나누는 일도 자연스레 줄어들었다. 가끔 서로의 근황을 나눌 뿐이었다. 촬영장에서 낯을 가리는 편은 아니지만 작품이 끝난 뒤에도 관계를 이어 가는 건 생각보다 쉽지 않았다. 간혹 함께했던 동료에게서 만나자는 연락이 와도 그저 안부 인사쯤으로 넘겼다. 그렇게 시간이 흐를수록 희미해지는 관계들만 늘어갔다.

친한 친구들은 있지만 같은 배우로서 고민이나 시시콜콜한 농담들을 나눌 동료 배우는 없다보니 혼자 삼키는 이야기들이 하나둘 쌓였고 마음은 자주 허전했다. 동생은 종종 내게 연기 스터디에 참여해보라고 권했다. 또래 배우들을 만나 함께 공부하고 서로 피드백을 주고받으면 좋지 않겠냐며. 그때마다 고개를 끄덕이긴 했지만, 정작 나는 제대로 된 스터디를 찾기가 어렵다는 핑계를 대며 미뤘다.

사실은 용기가 나지 않았다. 배우로서 나의 부족함과 나보다 더 잘하는 배우들의 존재를 마주할 자신이 없어서. 외롭다고 말하면서도 정작 그 외로움에서 빠져나올 용기를 내지 못했다.

촬영이 있을 때는 오히려 괜찮았다. 하지만 촬영 기회가 점점 줄어들면서부터 고민의 방향이 달라졌다. '어떻게 하면 캐릭터의 매력과 진심을 더 잘 표현할 수 있을까' 같은 연기적 고민보다도 '앞으로 나에게 배우로서의 가능성이 있는 걸까' 같은 현실적인 고민들이 나를 덮쳐 왔다. 그럴 때마다 곁에서 함께 숨을 고르며 같은 고민을 나눌 수 있는 동료가 있었다면 얼마나 좋을까 생각했다. 같은 고민에 고개를 끄덕이고 함께 손을 잡고 일으켜 세워 줄 수 있는 사람들. 동료가 필요했다.

목마른 사람이 우물을 파듯 나는 연기 워크숍을 찾기 시작했다. 단순한 스터디보다는 체계적인 프로그램을 통해 훈련도 받고 동료도 만나고 싶었다. 평소 궁금했던 마이즈너 테크닉*을 기반으로 하는 워크숍을 찾다가 씨네브릿지를 발견했고 그게 우리의 첫 만남이었다. 앞으로의 여정들이 나를 어떻게 변화시킬 줄

은 생각지도 못한 채 나는 떨리는 마음으로 액팅헬스를 신청했다. | 액팅헬스는 마이즈너 테크닉을 바탕으로 신체와 마음을 함께 단련하는 연기 워크숍이다. 헬스처럼 꾸준히 훈련해 나가자는 의미에서 붙여진 이름이었다.

3년 전 겨울, 처음 액팅헬스장으로 향하던 걸음이 아직도 내 안에 선명하다. 연습실이 있는 명동의 오르막길을 오르며 마음이 얼마나 쿵쾅거렸는지 도착해서 계단을 오를 땐 심장이 튀어나올 것만 같았다. 코로나 시기였기에 마스크를 쓰고 있다는 사실이 다행스럽게 느껴질 만큼 긴장했다. 그럴 수밖에 없었다. 연기 워크숍도 처음이었고 촬영장이 아닌 곳에서 다양한 배우들을 만나는 것도 처음이었으니까.

서로의 이름도 얼굴도 모른 채 워크숍이 시작됐다. 우리는 조심스럽게 서로의 눈을 통해 마음을 읽어 나갔다. 마이즈너 테크닉의 기본 훈련인 레피티션*은 마주 선 채 상대의 눈을 바라보며 그 사람의 상태나 변화에 대해 말하고 듣고 반복하는 연습이다.

 상대에게서 무언가를 끌어내기 위해 꿰뚫어 보는 것이 아니라, 그저 보이는 만큼 내가 영향을 받은 만큼만 주고받는 것이 중요하다. 처음엔 단어로, 그다음엔 문장으로. 상대의 겉모습(너 웃고 있어)에서 시작해, 점차 그 내면(너 즐거워)으로 들어간다.

 워크숍 초반에는 눈앞에 있는 상대의 눈을 오래 쳐다보고 있는 것조차 힘들었다. 눈은 상대를 보고 있지만 정신은 다른 곳에 가 있던 순간도 많았다. 그럴 때 상대가 "너 딴생각해."라고 말해 주면, 나는 "어, 나 딴생각해." 하며 다시 상대에게로 돌아올 수 있었다.

 레피티션을 반복하며 상대에게 집중할수록

나는 점점 사라지고 눈앞의 상대가 더 중요해진다. 지나간 감정들은 흘려보내고 지금 나에게 새롭게 보이는 것과 느껴지는 것에만 온전히 집중하다 보면 시시각각 변하는 감정들이 오가고 서로에게 스며든다.

우리는 마주 보며 웃다가도 울고 울다가도 웃었다. 그렇게 서로라는 바람에 흩날리는 나뭇잎처럼 영향을 주고받으며 마음껏 흔들렸다. 혼자서 흩날리는 나뭇잎은 없듯 배우에게는 파트너가 필요하다는 것을 깊이 깨닫는 순간이었다.

5일간의 워크숍이 끝난 날, 동네에 도착하고도 마음이 벅차 한참을 벤치에 앉아 있었다. 추운 줄도 모르고 노트를 펼쳐 배우 일지를 쓰고 기도하며 보낸 그 겨울밤은 나에게 두 번째 열아홉 같았다. 연기에 대한 사랑만이 가득했던 열아홉, 용기 하나로 무작정 뚫고 나갔던 그때로 돌아간 기분이었다. 그 밤 나는 다시 새롭게 시작할 수 있을 것 같은 열아홉의 용기를 얻었다.

그로부터 3년이 지난 지금까지 나는 꾸준히 함께 훈련하고 있다. 동료 배우들과 함께 눈을 맞추고 마음을 나누는 시간이 나의 행복이다. 한겨울에도 뜨거운 땀을 흘리고 여름 장마 소리에도 서로에게 귀를 기울이며 보내는 계절 속에서 우리는 조금씩 알맞게 익어 가고 있다.

혼자라고 생각했던 외로움 속에서 만난 동료들의 따뜻한 눈빛과 마음이 나를 여기까지 데려왔다. 서로의 틈을 메우고 차곡차곡 마음을 쌓으며 점점 단단해지는 걸 느낀다. 수줍음이 많던 나는 이제 먼저 손을 내미는 사람이 되었고 내 안에 점점 부풀어 오르는 사랑을 느낀다. 맨발로 연습실을 걸으며 발자국으로 공간을 채우고 내 안에는 수많은 사람들의 터치가 새겨진다. 사람들의 따뜻한 온기가 좋아 자꾸만 안으로 모여들게 된다. 수많은 손길과 시선이 부딪치며 빛을 낸다. 우리를 살아가게 하는 힘이 여기에 있다고 믿는다.

카메라 앞에서 혼자 하는 대사에도 언제나 상대가 존재하는 것처럼, 곁에서 나에게 시선을 맞추고 이야기를 들어주는 존재가 있다는 사실을 절대 놓치지 말 것. 우리는 때때로 독백[*]이라 착각하기 쉽다.

내 안에 이렇게 사랑이 많았구나,
깨닫는 시간이었다.
연기를 잘하고 싶다는 대단한 포부보다
연기를 할 수 있다는 마음을 되찾고 싶었다.
오랫동안 촬영을 하지 못하다 보니, 배우로서의 정체성을 잃어가는 것 같아 두려웠다.

뜨거운 열정을 가진 배우들과

다시 배우가 되고 싶은 마음을 되찾고 있는

배우들 틈에서 함께하며 그래, 바로 이거였지.

금세 나도 뜨겁게 달궈졌다.

연기에 대한 마음뿐 아니라 함께하는 동료들에

대한 응원과 호기심, 애정도 함께 커지는 나를

보면서 지난날의 '나'만 바라보던 내가

이제는 밖으로도 에너지를 쏟을 수 있는

사람이 되었다는 사실에 가장 많이 놀랐다.

그런 나를 사랑스럽다고,

빛난다고 말해주는 동료들 덕에

더 큰 힘을 얻는다.

많이 고마운 12월의 우리들.

우리의 진심. 우리의 맨발.

22.12.30. 배우일지 | 아파트 벤치에서

각주

| 마이즈너 테크닉(Méthode Meisner)

미국의 연기 교육자 샌포드 마이즈너(Sanford Meisner)가 개발한 연기 기법으로, 배우가 즉흥적이고 진실된 반응을 통해 자연스러운 감정을 표현하도록 훈련하는 방법이다. 상대 배우와의 진정한 교감과 순간에 충실한 연기를 강조하며, 감정의 진실성과 집중력을 높이는 데 중점을 둔다.

| 레피티션(Repetition)

마이즈너 테크닉의 기본 훈련 중 하나로, 두 사람이 서로 마주 보고 상대방의 말이나 행동을 그대로 반복하는 훈련이다. 이 과정에서 상대의 말뿐만 아니라 감정과 변화에도 집중하며, 즉흥성과 진실성을 기르는 데 목적이 있다. 반복을 통해 배우는 상대방과의 진실한 교감과 현재 순간에 집중하는 능력 향상이 핵심이다.

| 독백(獨白, Monologue)

연극, 영화 등에서 한 인물이 혼자서 자신의 생각이

나 감정을 관객이나 자신에게 말하는 말. 보통 상대방이 없는 상태에서 내면의 심리나 상황을 드러내는 표현 방식이다. 독백은 주로 인물의 내면을 보여주기 위해 사용되며, 외부와의 대화가 아닌 혼잣말 형태를 띤다.

추위를 견디는 방법

 토요일이 다가오면 어김없이 단톡방 알림이 울린다. '이번 주 토요일 풋살 가능 여부 투표해 주세요.' 망설임 없이 참석 버튼을 누르고 벌떡 일어나 옷방으로 향한다. 유니폼과 풋살 양말을 꺼내 놓고 주말을 기다린 지도 어느덧 8개월이 되어 간다.

 처음 풋살에 대한 호기심을 갖게 된 건 교회 청년부에 '축구하자매'라는 풋살 모임이 개설되었다는 광고 때문이었다. 축구와 자매라는 이름이 들어간 모임명 때문에 처음엔 여자 축구 모임인 줄 알았다. 친한 언니와 함께 들어가고 보니 남녀 성비가 7:3 정도 되는 혼성 모임이었다. 말로만 축구하자고 하지 말고, 진짜 해 보자는 의미를 담아 지은 모임명이라고 한다.

수영을 시작한 뒤 새로운 운동에 대한 진입 장벽이 낮아져 있기도 했고, 구기 종목에 대한 관심이 종종 있었던 나에게 축구하자매는 좋은 타이밍에 찾아온 기회였다. 그렇게 용기 있게 모임에 들어가긴 했지만, 풋살에 대한 경험이 전무했던 나는 풋살에 대한 이해가 없을뿐더러 풋살화도 없었다. 참 고맙게도 팀 동생들은 그런 나에게 풋살화에 유니폼까지 선물해 주었다. 고마운 환대를 받으며 새 유니폼과 풋살화를 신고 풋살장에 첫발을 내디뎠다.

나처럼 풋살이 처음인 멤버들이 많았던 초반에는 경기보다 훈련에 비중을 둔 시간을 보냈다. 경기장을 한 바퀴 크게 뛰기도 하고 동그랗게 모여 스트레칭을 하며 몸을 풀었다. 두 팀으로 나누어 패스 연결과 볼 차기, 슈팅 등 조금씩 속도에 맞춰 훈련을 진행했다. 모임을 거듭할수록 훈련에도 속도가 붙기 시작했고 용기도 함께 불어나기 시작했다.

웃긴 말이지만, 처음엔 피구도 아닌데 공이 내 쪽으로 오는 게 두려워 피하기도 했다. 이제는 상대 팀에게서 공을 뺏으려고 바싹 붙어서 발을 뻗기 바쁘다. 대단한 경기는 아니어도 모두가 즐겁게 웃으며 패스도 하고 마음껏 골대를 향해 슛을 날려 볼 수 있는 그 시간이 나에게는 대단한 시간처럼 느껴진다. 파릇한 잔디밭 위에서 공 하나만 보고 쫓아 달리다 보면 잡생각은 사라지고 마음은 단순해진다.

현실의 삶에서도 '배우'라는 하나의 목표만을 바라보고 달리며 살아가고 있지만, 녹록지 않은 현실에 이따금 내가 뭘 쫓고 있는 건지 보이지 않을 때가 있다. 달리고 있는 나만이 홀로 남겨진 느낌이 들 때면 사무치게 외로웠다.

그런데 여기선 모든 게 선명하게 보인다. 푸른 잔디, 나와 같은 목표를 가진 팀과 내가 쫓고 있는 공과 골대, 그리고 나의 슛을 막는 골키퍼와 상대 팀. 또렷하게 보이니 명확해진다. 내가 어디로 달려가야 하는지, 누구에게 패스를 해야 하는지, 어떤 방향을 향해 슛을 차야 하는지 말이다. 물론 명확하다고 해서 원하는 대로 되는 건 아니다. 그렇지만 눈앞에 흘러가는 상황을 파악하며 계속 시도해 볼 수 있다. 단순한 마음으로 달리다 보면, 땀은 몸에서만 나오는 게 아니라 마음에서도 나오는지, 경기가 끝나고 나면 몸도 마음도 함께 개운해진다.

지난주에는 영하 8도 날씨에 야외 풋살장에서 경기를 했다. 예전의 나라면 상상도 못 했을 일들이 계속해서 이어지고 있다. 추운 날엔 이불 속이 제일 안전하다고 느꼈던 내가 이제는 마음껏 달리며 땀 흘릴 수 있는 풋살장과 수영장이 나의 안전지대처럼 느껴진다.

추운 날씨를 이겨 낼 수 있는 가장 좋은 방법은 따뜻한 이불 속이나 고급 패딩, 핫팩 같은 것들이 아니라 스스로 열을 만들어 내는 방법일지도 모른다. 잔뜩 움츠린 채로 옷깃을 여미며 견디던 겨울은 이제 갔다. 달리며 맞이하는 겨울은 그 어느 날보다 뜨거운 계절이 될 수 있다는 걸 이젠 안다.

영하의 날씨에도 땀에 젖은 채로 뜨거운 입김을 쏟아내며 달리던 풋살장의 열기를 잊을 수 없다. 그래서인지 언제부턴가 일기예보를 보지 않게 되었다.

떠오르는 사람

 얼마 전 혼자 밤에 산책을 하다가 태어나 처음으로 별똥별이 떨어지는 걸 봤다. 순식간에 벌어진 일이었지만 분명 별똥별이었다. 깜깜한 하늘 위 촘촘히 박힌 수많은 별들, 그 사이로 미끄러지듯 곡선을 그리며 떨어지는 별의 꼬리. 반가움을 느낄 새도 없이 찰나의 순간이었지만 강렬했다. 마치 운석이 내 안으로 떨어지라도 한 듯이 마음이 쿵 내려앉았다. 뜨거운 마음을 안은 채 찬 바림을 맞으너 걸었다.

누군가가 보고 싶었는데 실체가 없는 그리움이었다. 혼자 별똥별을 보며 떠오른 사람이 있었다면 그에게 전화라도 걸고 싶었다.

아름다운 순간에 떠오르는 누군가가 있다면 그가 곁에 없어도 외롭지는 않을 텐데, 떠오르는 얼굴이 없어서 외로웠던 건 처음이었다. 힘들거나 속상한 일이 있을 때보다 기쁜 일이 있을 때 함께 나의 기쁨을 나눠줄 이가 없다는 게 더 외로운 일이라는 걸 깨닫는다. 어쩌면 나라는 사람은 슬픔의 깊이보다 기쁨의 깊이가 더 깊은 사람이기 때문인지도 모른다.

함께 웃고 떠들면서 박수 치고 마음껏 기뻐하고 아름다운 걸 아름답다고 함께 말할 수 있는 사람, 좋은 곳에 왔을 때 재밌는 걸 발견했을 때 망설이지 않고 전화를 걸 수 있는 사람이 생겼으면 좋겠다. 누군가 그런 순간에 나를 떠올려준다면 얼마나 근사할까! 내게 있는 사랑을, 행복을 나눠줄 텐데.

나는 빨래를 좋아한다

 꽃 피는 춘삼월, 어제는 눈이 내리더니 오늘은 햇살이 따듯하다. 빨래 널기 좋은 날이다. 이사를 오고 난 후 우리 집 베란다는 나름대로 제 몫을 해내고 있다. 낮에는 젖은 빨래의 수분을 햇살에게 잔뜩 내어주고 밤이면 선선한 바람결이 빨래들을 말려준다. 오늘은 아침부터 세탁기에 돌린 이불을 탈탈 털어 베란다 건조대에 펼쳤다. 탈수를 세게 돌린 덕에 밤에는 보송하게 마른 이불을 덮고 잘 수 있을 것 같다.

나는 빨래를 좋아한다. 어릴 때는 통돌이 세탁기가 토해낸 베베 꼬인 빨랫감들이 참 싫었는데 지금은 잔뜩 엉켜있는 빨랫감들을 하나씩 풀어서 탁탁 털어 말리는 그 행위가 좋다.

누군가의 주눅 든 어깨를 토닥여 주면 기운을 내는 것처럼 몇 번 탁탁 털어주면 구겨진 옷들이 조금씩 펴지는 게 마음에 든다. 물기를 머금어 무거운 옷들도 따듯한 햇살에 보송하게 마르면 본래의 무게로 돌아오듯이 사람들의 마음에 진 저마다의 짐도 따듯한 봄 햇살에 눈 녹듯 녹았으면 하고 바란다.

환기를 시키려고 열어둔 베란다 문틈 사이로 은은한 섬유 유연제 냄새와 따듯한 햇볕 냄새가 난다. 내가 사랑하는 계절이 머지않아 도착할 것만 같다.

4월의 시작

어제는 정말 체력이 바닥이었다. 그럴 만도 했다. 지난 주말, 제주에서 북페어와 짧은 여행을 다녀온 뒤 하루도 제대로 쉬지 못한 채 매일 스케줄을 소화하고 있다. 여행에서 돌아오자마자 연기 스터디에 참석했고, 곧이어 알바 스케줄이 이어졌다. 여독이 풀리지 않은 탓에 어깨는 뻐근하고 눈은 자꾸 감기지만, 몸은 멈출 틈 없이 달리고 있다.

오늘은 30분 당겨진 출근 시간을 맞추기

위해 새벽 5시 20분에 집을 나섰다. 사실 6시에 나서도 괜찮을 시간이었지만, 한 시간 넘게 타고 가야 하는 지하철 안 자리를 사수하기 위해 이르게 지하철로 향했다. 출근지와 반대 방향으로 가는 지하철을 타고 네 정거장을 지나면 종점이 나온다. 종점에 도착하면 다시 건너편으로 넘어가 서울 방면 지하철을 기다린다. 텅 빈 지하철이 도착하면 원하는 자리에 앉을 수 있다. 누군가에겐 번거로운 우회처럼 보일지 몰라도 내게는 다년간의 서울 통근 끝에 얻은 가장 조용한 승리다.

종점이 다시 기점이 되어 열차가 출발하면 눈을 감는다. 무사히 하루가 흘러가길 바라는 마음과 아직 떨치지 못한 피로가 한데 섞여 나를 어디론가 데려간다. 얼마쯤 시간이 흘렀을까, 눈을 떠보면 어느새 열차 안은 사람들로 가득 차 있다. 여전히 이른 시간임에도 단정히 잘 차려입은 모습을 보며 '저 사람은 몇 시에 일어났을까.' 시답잖은 궁금증이 떠오르다가 다시 또 꾸벅. 시간은 흐르고 열차는 앞으로 나아간다.

어제 한 번 왔었다고 몸이 기억하는지 다행히 지나치지 않고 목적지에서 내릴 수 있었다. 이젠 긴 시간 앉아 있는 것도 몸이 쑤시는지 퉁퉁 부은 다리를 끌고 일터로 향했다. S대학교 안에 있는 컨퍼런스 룸에서 진행되는 학회가 어제오늘 나의 일터다. 오디션과 촬영을 병행하기 위해서 단기 알바로만 근무하고 있지만 지원서에도 썼듯이 "매 순간 주어진 자리에서 최선을 다하는" 중이다.

키오스크로 출력된 명찰에 붙은 기념품 교환증을 하나하나 뜯고, 준비된 기념품을 건네는 일. 대단한 일은 아닐지라도 필요한 일이라고 여기며 내 몫의 시간을 보내고 돈을 벌었다.

아직은 배우라는 일만으로 생계를 유지하기는 어렵다. 올해부터 혼자 살아가게 된 만큼 더 많은 일을 해야 한다. 지난달까지만 해도 아르바이트 자리를 구하지 못해 걱정이 많았지만, 다행히 이번 달엔 꾸준히 잡혀 있는 일들이 있다. '다음'이 있다는 사실이 나에게 힘이 된다. 다리는 아플지언정, 마음은 편하다.

어제는 학회 첫날이라 명찰을 받기 위해서 키오스크를 찾는 사람들이 많았다. 그에 비해 학회 이틀째인 오늘은 재방문 참가자들이 많아서인지 키오스크 업무가 한결 줄었다. 어제의 여파로 종아리에 압박 밴드까지 차고 만반의 준비를 했지만 이렇게 한가하면 나야 땡큐다. 방문자가 없는 시간대엔 의자에 앉아 쉴 수 있었다.

의자에 앉아 내일 있을 오디션의 지정 대본을 읽으며 머릿속으로 인물을 그려봤다. 허공에 대고 혼잣말로 대사를 읊조리기도 했다. 그러다가도 내 앞을 지나가는 사람들을 구경하기도 했는데 문득 그들이 오히려 나를 구경하고 있다는 사실에 혼자 웃음이 났다.

'실컷 구경하세요.' 하는 마음으로 시선을 그들에게 흘려보냈다.

오후 5시 30분. 30분 일찍 출근한 만큼, 30분 이른 퇴근 시간이다. 학회가 열렸던 지하 공간을 벗어나 지상으로 올라오는 기분은 개운하다. 아마 다시는 오지 않을 곳, 아마 다시 마주칠 일 없을 사람들과 고생한 만큼의 인사를 나누고 나는 밖을 향해 달렸다. 캠퍼스 교정에 활짝 핀 벚꽃나무 아래를 지나며 마음이 설렜다. 마음만큼은 아직도 대학생인데 말이지! 짧은 감성에 잠시 젖었다가, 칼퇴를 위해 부리나케 지하철역으로 향했다.

꾸벅꾸벅 졸면서도 내릴 역이 되면 스스로 알아서 일어나던 몸도 퇴근하니 긴장이 풀렸는지 기어코 나를 종점까지 데려갔다. 하나둘 불이 꺼져 가는 열차에서 내리며 지독하게 집에 가고 싶어졌다. 언제부터 잠들었는지도 모를 만큼 기억은 흐릿했고, 입은 바싹 말랐고, 눈은 뻑뻑했다. 긴급 처방처럼 늘 지니고 다니는 안약을 넣자 정신이 번쩍 들었다. 코와 입 안에서는 향긋한 단맛이 났다. 다시 기운을 차리며 집에 가기 위해 건너편 열차를 기다렸다.

잠든 채로 종점까지 가다니, 정말 피곤했나 보다. 뒤늦게 나를 다독이며 얼마 안 가 목적지에 도착했다. 긴 에스컬레이터를 타고 빠져나오니 부드럽게 물든 오렌지빛 하늘이 나를 반겼다. 꽤나 긴 하루였다고 생각했는데 아직 떠 있는 해를 보자 괜히 안도감이 들었다. 마치 나의 하루는 아직 끝나지 않았다고 위로해 주는 것만 같았다.

집으로 가는 길, 평소보다 많은 사람들을 보며 무슨 일인가 싶었지만 곧 깨달았다. 지금이 벚꽃 시즌이라는 걸. 우리 동네는 벚꽃 명소라 매년 이맘때면 사람들로 북적였다. 예전에는 나도 그들 틈에서 열심히 벚꽃 구경도 하고 사진도 찍었던 것 같은데… 올해는 그냥 이렇게 눈으로 바라보는 것만으로도 충분하단 생각이 들었다.

한 번쯤 들러 보고 싶었지만 늘 열차 시간에 쫓겨 구경만 했던 호떡집으로 성큼 향했다. 뜨끈한 호떡 한 장을 야무지게 말아 넣은 종이컵을 손에 쥐고 벚꽃길을 걸으며 혼자만의 행복을 느꼈다. 가족과 연인들이 벚꽃 앞에서 포즈를 잡고 사진을 찍는 모습을 보며 해준 것 없이 괜히 흐뭇해졌다. 타인의 행복한 미소에 묵은 피로가 살살 녹는 초저녁, 봄은 봄이구나. 올봄엔 나도 연인과 함께 벚꽃길을 걷고 싶었는데 말이다.

　물론 포기는 하지 않았다. 봄은 이제 시작이니까. 늦지 않았다. 내일부터 주말 내내 비가 온다는 일기예보에 하루 당겨 벚꽃놀이를 온 사람들도, 그들 곁을 지나 집으로 향하는 나도 안다. 벚꽃이 비에 젖어 떨어진다 해도 봄은 이제 시작이라는 걸.

　긴 하루를 보내고 도착한 집에는 아침의 흔적들이 그대로 멈춰 있다. 내가 '땡!' 하고 쳐주지 않으면 언제까지고 그 상태로 멈춰 있을 것만 같은 것들을 하나씩 주섬주섬 주워 원래 자리로 옮긴다. 밀린 빨랫감은 세탁기에 넣어 돌리고 빗자루로 바닥을 쓸어 담고, 이제야 테이블에 앉아 대본과 마주한다. 나의 하루도 이제 시작이다.

여름엔 사랑을

 여름을 지독히도 좋아하는 나는 뜨거운 여름빛에 땀을 뻘뻘 흘리고 모기를 잡느라 잠을 설치면서도 여름이 좋다. 이렇게 말하면 사람들의 반응은 두 부류로 나뉜다. 활짝 웃으며 고개를 끄덕이는 '여름 좋아' 사람들과 이해할 수 없는 표정으로 나를 바라보는 '여름 싫어' 사람들.

 몇 달 전, 소개팅에서도 그랬다. 좋아하는 계절에 대한 이야기가 나왔는데 여름을 좋아한다는 나의 말에 신기하다는 듯이 나를 낯설게 바라보는 눈빛에 겨우 좁혀진 것 같던 그와의 거리감이 순간 확 멀어진 기분이 들었다.

"여름은 너무 더워요" 라는 말에, "여름이니까요" 라는 대답을 해버렸다. 그런 나를 더욱 신기한 눈으로 바라보는 그에게 여름은 여름의 제 몫을 해내는 것이고 나는 그 역할이 마음에 든다고 말했다. 물론 여름의 뜨거움이 내게도 때론 벅차기도 하지만 그 덕에 피서지로 떠날 핑계도 생기고 아이스커피의 소중함을 깨달을 수 있어서 좋다고. 그 외로도 더 많은 이유들이 있었지만 수박은 좋아도 여름은 싫다는 그에게 더는 말하지 않았다. 사람들이 차분해지는 가을이 좋다는 그의 말이 내게 와 닿지 않았던 것처럼 나의 여름도 그럴 테니까.

여름 햇살 아래 빛을 따라 걷는 사람과 그늘 아래 걷는 사람 중 나는 언제나 빛을 따라 걷는 사람이다. 그 탓에 뺨 위로 콕콕 주근깨 같은 기미가 늘었지만 벌겋게 익은 피부가 마치 수박처럼 느껴져 오히려 좋다. 밤마다 모기가 귓가를 윙윙 간지럽히고 물린 자국은 부어오르지만 괜찮다. 모기향으로 복수하면 되니까.

베란다에 피워둔 모기향 냄새를 맡고 있으면 어릴 적 여름이 함께 떠오른다. 집집마다 열어둔 현관 앞에 모기향이 피워져 있던 아파트 복도. 모기 물린 자국에 손톱으로 꾹 눌러 만든 십자가 모양. 수박 한 통을 반으로 갈라 옆집과 나눠 먹던 여름밤의 기억들….

뜨거운 여름 온도에 음식은 쉽게 상하고 얼음은 빠르게 녹는다. 그래서 여름이면 부지런히 음식을 먹어 내고 금세 밍밍해지는 아이스커피를 꿀꺽꿀꺽 삼킨다.

맴맴— 온몸을 부르르 떨며 우는 매미의 울

음소리를 들으며 생의 의지를 다잡게 되는 여름. 암컷을 향한 수컷 매미의 구애의 소리라는 걸 알게 된 뒤부터는 맴맴 소리가 들릴 때마다 마음이 찌릿해진다.

맴맴, 내 마음을 알아줘.

여름은 분명 사랑이다. 뜨거운 햇빛 속에서 달콤하게 익어 가는 과일처럼, 꽝꽝 얼었던 얼음이 스르르 녹는 것처럼, 구애하며 온몸을 부르르 떨며 우는 매미처럼, 여름마다 뜨거운 햇빛 속으로 뛰어들어 반드시 사랑을 찾고 싶어지는 그 마음은 우연이 아니었다!

여름을 좋아해요. 라는 말에 저도요. 라고 말해 주는 사람이 분명 이번 여름엔 나타날 것만 같다.

집 앞 24시 편의점

 집 앞에 24시 편의점이 생겼다. 이사 오면서 편의점이 멀어진 게 가장 아쉽다고 가족들에게 이야기했는데 신기하게도 집 앞에 있던 슈퍼가 편의점으로 바뀌었다. 어릴 적 친구들과 하교 후에 우르르 몰려가 아이스크림을 사 먹고, 심부름 잔돈을 동전 초콜릿으로 바꿔 먹곤 했던 추억이 가득했던 슈퍼가 사라진 것이다.

 2주 전쯤 슈퍼 앞을 지니가다가 '점포 정리'

라는 현수막을 보고 괜히 마음이 허전했는데 며칠 뒤 같은 자리에 '축! 24시 GS 편의점 오픈 예정'이라는 현수막이 붙어 있는 것을 보고 다시 마음이 뛰었다. 오래 정들었던 슈퍼와의 갑작스러운 이별이 아쉽기도 했지만 이사를 온 이후로 어릴 적처럼 자주 들르지 못했던 데다 편의점이 그리웠던 나에게는 충분히 반가운 소식이었다.

한국에 잠시 들른 아버지 소식통에 의하면 30년 넘게 슈퍼를 운영하셨던 아주머니도 지치셨고 이제는 쉼이 필요하셨다고 한다. 그도 그럴 것이 슈퍼는 365일 문을 닫는 법이 없었다. 긴 세월 한자리를 지키며 오고 가는 동네 주민들을 맞이하고 배웅하던 아주머니의 모습이 떠올라 존경심이 들었다.

며칠 안 가 빛바랜 슈퍼 간판이 내려가고 새벽에도 홀로 환하게 빛날 24시 편의점 간판이 올라갔다. 하나의 가게가 사라지고 새로운 가게가 들어서는 일이 이렇게 빠르게 진행된다니 새삼 놀라웠다.

오픈 기념이라도 할 겸 편의점에 들러 1+1 행사 중인 사이다 캔을 골랐다. 편의점 안은 이미 손님들로 꽤 붐비고 있었다. 슈퍼였을 때는 이렇게 북적거린 적이 없었는데 다들 나서럼 편의점을 기다렸던 걸까. 편의점이 생겨서 좋으면서도 슈퍼 아주머니 마음은 어떨지 괜히 마음이 쓰였다.

며칠 뒤 엘리베이터 앞에서 마주친 아주머니는 새로 파마도 하시고 강아지와 함께 근처 공원도 다녀왔다며 홀가분한 표정으로 동네 어르신과 이야기를 나누고 계셨다. 아주머니의 바뀐 헤어스타일이 참 잘 어울린다고 생각하며 혼자 마음을 쓸어내렸다. 그렇다면 이제 조금은 더 편한 마음으로 편의짐을 나닐 수 있겠다는 생각에 홀가분해졌다.

단골 슈퍼와의 이별에도 편의점이 반가웠던 이유는, 연중무휴 24시간 운영이 주는 특유의 안정감 때문이었다. 이른 아침, 끼니도 거른 채 서둘러 달려야 할 때에도 편의점이 있다면 바나나 하나를 손에 쥐고 달릴 수 있다. 늦은 밤 홀로 귀가할 때에도 편의점 불빛이 기다리고 있을 거라는 생각에 마음이 놓인다. 모두가 잠든 깊은 밤, 변함없이 환히 켜져 있는 불빛 덕분에 외로움도 덜해진다.

혼자 사는 나에게 편의점은 이제 단순히 생필품을 구입하는 공간을 넘어선다. 어두운 밤, 모두가 잠든 시간에도 환히 불을 밝히고 있는 그곳은 마치 나를 위한 등대 같다. 어느 날은 허기진 배를 채워주고, 어느 날은 갑작스레 필요한 생필품을 조용히 내밀어준다. 이른 아침이든, 깊은 새벽이든 꺼지지 않는 불빛이 있다는 사실만으로도 왠지 마음이 든든해진다. 누군가 어딘가에 나처럼 깨어 있다는 것, 같은 시간 속에 함께 살아 있다는 사실이 큰 위로가 된다.

덜컥

열심히 잘 살아가고 있는데
잘하고 있는 것 같은데
달리던 지하철이 잠깐 멈추는 찰나의 순간
덜컹거리는 것처럼
잠깐의 순간에 문득 잘하고 있는 걸까
막연한 두려움이 훅 끼친다.

손의 감각

연기 워크숍에서 손을 감각하는 시간을 가졌다. 손 크기가 많이 다른 파트너를 찾아야 했는데, 모두 두 손을 활짝 펼쳐 서로의 손을 마주 대보는 시간이 재미있었다. 나는 손이 작은 편이라 커다란 손을 가진 파트너를 찾아 나섰다. 몇 번의 손바닥 마주침 끝에 드디어 파트너를 만났다. 파트너가 정해지면 서로 마주 서서 눈을 감고 오직 손의 감각으로 상대의 손을 탐구하는 시간을 가졌다.

처음에는 손의 뼈 마디마디를 만져보고 감싸 쥐어보기도 했다. 손 근육이 어떻게 이어져 있는지 당기고 밀어보며 살폈다. 그다음에는 피부 결을 천천히 느끼며 손을 감각하고 기억했다.

처음 닿았던 파트너의 손은 크고 차가웠다. '내 손은 따뜻하게 느껴지겠구나' 생각하며 조금씩 나의 온도를 나누었다. 파트너의 손이 따뜻해진 건지 내 손이 차가워진 건지 알 수 없었지만, 어느새 두 손의 온도는 비슷해졌다. 그저 크고 두꺼운 줄만 알았던 파트너의 손은 감각할수록 다른 면들이 드러났다. 단단한 손등과 달리 손바닥은 부드러웠고, 손가락이 시작되는 마디 맨 아래에는 굳은살이 박여 있었다. 누군가의 굳은살을 만져본 적 없는 나에게는 새로운 경험이었다. 단단하고 촘촘한 껍질처럼 느껴지던 굳은살을 어루만지며, 그의 손을 기억할 하나의 힌트를 내 안에 새겼다.

손을 탐구하는 시간이 끝나고, 눈을 감은 채로 파트너에게서 조금씩 멀어져 다른 손들을 만졌다. 따뜻하고 부드러운 누군가의 손, 조심스러운 손길로 내 손을 어루만지는 손, 그리고 언젠가 파트너로 만난 적이 있는 익숙한 손까지. 눈이 아닌 손으로 서로를 바라보고 인사하는 그 시간이 참 좋았다.

보이지 않으니 조심스러워지고, 함부로 판단할 수 없기에 더 오래 정성을 들여 서로를 감각하게 된다. 보이지 않는 것이 때로는 방해물이 되지만, 동시에 새로운 발견을 가능하게 하기도 한다. 닫힌 문 너머에 또 다른 문이 열리는 기분이었다.

어느 정도 시간이 지나고 우리는 다시 처음 만난 파트너를 찾아야 했다. 앞서 두 번의 파트너는 모두 잘 찾았기에 이번에도 자신 있었다. 그런데 시간이 지날수록 하나둘 서로의 파트너를 만나기 시작했지만, 내 파트너의 손을 찾을 수 없었다. 촉박해진 시간 탓에 바쁜 손짓으로 허공을 헤매며 마주한 손들 중에도 내 파트너의 손을 만나지 못했다.

결국 파트너를 찾지 못한 채 시간이 끝났다. 감았던 눈을 뜨고 서로의 파트너가 맞는지 확인하며 웃고 있는 사람들 사이, 멀리서 혼자 멀뚱히 서 있는 내 파트너가 눈에 들어왔다. 서로 마주친 우리는 멋쩍게 웃음을 터뜨렸다. 우리는 흩어진 후 서로의 손을 마주친 적이 없었을 뿐이라고, 잠깐이라도 스쳤다면 분명 서로를 알아차렸을 거라며 아쉬움을 나눴다. 서로의 손을 기억하는 것만큼 중요한 건 서로를 찾아내는 것이라는 것 또한 새로운 발견이었다.

누군가는 내 손을 잡아본 적은 없지만, 느낌으로 이건 나의 손이라고 느꼈던 순간이 있었다고 말해줬다. 나 역시 그런 경험이 있었다. 처음 만난 손이지만, 왠지 이 손은 그 사람의 손일 것 같다는 직감 같은 느낌. 그게 정말 그 사람의 손이었는지는 알 수 없지만, 손에도 그 사람만의 고유한 분위기와 이야기가 함께 전해지는 것 같다. 딱딱한 굳은살을 만지며 나와는 다른 삶의 흔적을 느꼈고, 손등에 붙은 누군가의 반창고를 어루만지며 문득 위안을 받았던 순간도 있었다.

    때때로 누군가가 알고 싶어질 때면, 그 사람의 손을 만져보면 좋겠다는 생각이 든다. 물론, 큰 용기가 필요하겠지만.

피치 못할 사정

 때때로 억지를 부리고 싶을 때가 있다. 스스로도 안 될 일이라는 걸 알면서도 모르는 척하다, 기어이 실패를 마주하고 나서야 돌아설 수 있는 마음들이 있다. 브레이크가 고장 난 것처럼 쉽게 멈출 수 없는 마음들을 어떻게 함부로 무모하다고 말할 수 있을까. 안 될 걸 알면서도 끝까지 가는 것들에는 저마다의 피치 못할 사정이 있다.

 그런 사정으로 브레이크 없이 달리던 시절

이 내게도 있었다. 달려가는 줄도 모르고 뛰던 마음들, 그리고 쉬이 잠들지 못해 며칠 밤을 지새우던 숱한 여름이 있었다.

주머니 속 선물을 만지작거리며 축축해진 손을 끝내 꺼내지 못했던 어느 날, 마음만으로는 안 되는 것도 있다는 걸 깨달았다. 마음이 부족해서가 아니라 아무리 쏟아도 채워질 수 없는 밑 빠진 독이라는 현실을 깨달았을 때였다. 그럴 때면 콩쥐팥쥐 속 두꺼비가 되어 깨진 항아리의 구멍을 메꾸듯 버티고 서 있을지, 돌아설지 선택해야 하는 순간이 온다.

두꺼비가 되어 버티는 쪽이든 쏟아붓던 마음을 멈추고 돌아서는 쪽이든 모두 용기 있는 선택이라고, 그러나 결국 내 선택은 돌아섰던 쪽이라 미안했다고. 이번만큼은 솔직하게 말할 수 있다.

비가 오면

 어제는 파란색 하늘에 흰 물감을 둥글게 짜 놓은 것처럼 뭉게구름이 가득한 봄 날씨더니, 오늘은 가려진 커튼 너머로 어둑한 기운이 느껴졌다. 아니나 다를까, 커튼을 걷어보니 비가 내리고 있다. 예전의 나였다면 실망했을지도 모른다. 누군가 나를 두고 '빛 속성'이라고 말할 만큼 햇살이 쨍한 날씨를 좋아하는 나는 비가 오면 기운이 축 쳐졌다. 마치 태양력 에너지로 충전이 되는 사람이라도 되는 것처럼 날이

흐리면 마음에 없던 그늘이 생기는 것 같았다. 비 소식이 있는 일기예보를 확인하면 그날의 스케줄부터 확인하고 잡혀 있던 일정을 최소화하거나 미뤘고, 강수 확률이 낮은 날에도 우산은 반드시 챙겼다. 비에 젖으면 큰일이 나는 줄 알았던 사람, 그게 나였다.

그런데 이상하게도 요즘엔 비가 오는 게 나쁘지 않다. 사실은, 조금씩 좋아지고 있다. 3년 전, 혼자 떠난 강릉 여행이 시작이었을지도 모른다. 원래 계획대로라면 7월 중순에 나는 강릉에서 촬영을 해야 했다. 맑은 강릉 바다를 배경으로 한 프로필 영상 작업이었기에 날씨는 무척 중요했다. 그런데 촬영일을 며칠 앞두고 일기예보가 완전히 뒤집혀 버렸다. 촬영일 전후로 먹구름과 강수량이 예보되어 있었고 결국 촬영은 보류되었다.

촬영 일정을 기대하며 잡아둔 숙소를 어떻게 해야 할까 고민하다가 그냥 떠나기로 했다.

혼자 여행을 가본 적도 없으니 이참에 가보는 것도 나쁘지 않겠다는 생각과 숙박 취소 수수료가 아깝다는 현실적인 이유로 우중 여행을 떠났다.

일기예보가 틀렸기를 내심 기대했지만 틀림없이 여행 내내 비가 내렸다. 꾸리꾸리한 하늘과 비에 젖은 티셔츠, 쌀쌀한 기운 탓에 서둘러 숙소로 향했다. 새로 지어진 숙소는 깔끔하고 예뻤다. ㄷ자형 복도식 건물 한가운데에는 야자수가 심어져 있어 마치 휴양지에 온 듯한 느낌이 들었다. '날씨만 맑았더라면 참 좋았을 텐데' 하는 아쉬움을 뒤로하고 가볍게 지갑만 챙겨 강릉시장으로 향했다.

신발은 비에 젖어 엉망이었지만 여행지에서 맞는 비는 또 나름대로 운치가 있어서인지 그날따라 마냥 걷고 싶었다. 나는 곧장 시장으로 가지 않고 골목을 따라 걸었다. 이어폰 속

노랫말을 대화 삼아, 적당히 외롭고 심심한 산책을 했다. 그때 처음으로 '장마'라는 이름의 플레이리스트를 만들었다. 평소엔 잘 찾아 듣지 않던 잔잔한 발라드와 밴드 음악들이 주를 이루고 있었는데, 그 무렵 밴드 위아더나잇의 뮤직비디오 촬영을 앞두고 있던 나는 그들의 노래 중 <운동회>라는 곡을 정말 많이 들었다. 요즘도 장마가 시작되면 어김없이 듣는 노래 중 하나다.

거북이 날아다니네 훨훨
난 내 편이 필요한 것 같아 그날처럼

꽤 젖은 채로 숙소에 돌아온 나는 도착하자마자 샤워를 했다. 쏟아지는 따듯한 물을 맞으며 차가운 비의 기운을 털어냈다. 시장에서 사 온 오징어 회와 오징어순대, 그리고 편의점에서 사 온 맥주를 꺼내 놓고 제법 여행 기분을 내보려 했지만, 창밖 너머 잔잔하게 들려오는 빗소리와 맥주 몇 모금에 금세 졸음이 밀려왔다. 그대로 침대에 털썩 쓰러져 잠들었다. 고단했는지 아주 긴 잠에 빠졌고, 다음 날 퇴실 시간이 지나도록 키를 반납하지 않자 연락을 준 호스트 덕에 겨우 일어날 수 있었다. 처음이었다. 여행지에서 이렇게 깊이 잠든 건.

 몇 안 되는 짐을 아무렇게나 백팩에 꾸려 넣고 서둘러 밖으로 나왔다. 여전히 비가 내리고 있었다. 익숙하다는 듯 바람막이 모자를 뒤집어쓰고 우산을 폈다. 아무 바다로나 갈 수 있는 버스를 탔다. 계획형 여행 스타일의 나에게는 처음 있는 일이었다. 즉흥적인 일정도, 빗속 여행도 모두.

 첫 즉흥에는 대가가 따르기 마련. 엉뚱한 마을 정류장에 내려 제법 고생 끝에 여차저차

바다에 도착했다. 초행길에 비까지 내려 쉽지는 않았지만, 길가에 산책 나온 지렁이를 피하다 달팽이를 발견하고 나름 재미있었다.

바다 전망으로 유명한 카페에 갔지만, 창밖은 온통 뿌옇기만 했다. 흐릿한 시야 너머 방파제 위로는 거친 파도가 넘실대고 있었다. 뜨거운 아메리카노 한 잔을 시켜 놓고 여행 노트를 펼쳐, 그저 떠오르는 대로 적어 내려갔다.

이런 맛이구나, 무계획이라는 건.
숙소 라운지에 앉아 아빠와 통화를 했다.
내 이야기를 들은 아빠는 "너 정말 좋은 여행을 하고 있는 거야." 라고 해주셨다. 어쩐지 그 말에 오늘 하루가 더 좋을 거란 생각이 들었다.

나는 늘 하고 싶은 것이 많았다.

그런데 또 실패는 하기 싫어서

늘 혼자 짐을 한가득 들고 다녔는데,

이번 여행은 가벼워진 가방만큼이나

마음도 가볍다.

비가 와도 밉지가 않다.

버스가 오지 않아도 두렵지 않아.

우산을 펼치고, 다른 노선의 버스를 탄다.

조금 돌아가도 괜찮아.

의외의 하루 속 새로운 풍경이 마음에 든다.

| 여행 일기 중

돌아가는 길에 우산이 뒤집혔다. 반대 방향으로 우산을 돌려 들자 이번엔 뒤집혔던 우산이 다시 뒤집혀 결국 제 모습으로 돌아왔다.

바람이 불면 피하려고만 하지 말고 어디서 어디로 부는지 먼저 파악하고 방향을 잡아야겠다고 생각했다.

비와 바람, 내겐 늘 피하고 싶은 존재들이었는데 이번 여행 내내 흠뻑 젖고 맞으며 묘한 쾌감을 느꼈다. 비에 젖어 버리는 엉망이고 으슬으슬 춥기도 했지만, 이상하게도 좋았다. 때로는 나의 방향을 과감히 내려놓고, 바람이 부는 대로 조금 더 날아가 보고 싶다는 생각이 들었다.

여전히 햇살이 쨍한 맑은 날씨를 가장 좋아하지만, 이제는 때때로 비를 기다린다. 비에 젖은 땅 냄새, 우산 아래로 잔뜩 웅크린 어깨, 바람에 뒤집힌 우산, 그리고 장마 플레이리스트. 비가 오면 펼쳐 볼 수 있는 건 우산만이 아니라서 일기예보에 비 소식이 뜨면 벌써 콧구멍이 벌렁거린다.

미움의 책임

 늦가을 햇볕이 따뜻했던 어느 오후, 소화를 시킬 겸 돌담길을 걷고 있는데 친구가 요즘 떠들썩한 연예 기사 봤냐며 말문을 텄다. 인지도가 높은 배우의 학폭 소식이었다. 그 무렵 연예인들의 학폭 관련 기사가 하나둘 터지기 시작했고, 그것도 그중 하나였다. 뉴스를 자세히 보진 않았지만, 대충은 알고 있었다.
 "아라야, 너는 그런 거 없지?"
 농담 삼아 던진 친구의 말에 걸음을 멈췄다.

"알잖아, 나는 당했을걸."

아차 싶은 표정의 친구에게, 이젠 괜찮다며 웃어 보였다.

초등학교부터 중학교까지는 같은 학교를 나왔지만 고등학교는 달랐던 친구가 내 여고 시절 아픈 추억을 기억할 리 만무했다. 언젠가 한 번 스치듯 이야기했던 것이 전부였다. 꺼내고 싶지 않은 기억이었다. 이제는 10년도 더 지난 일이었지만 가끔씩 떠올릴 때면 여전히 마음 한구석이 따끔거렸다.

열여덟의 내가 유난히 초라해 보이던, 지독히도 외로웠던 그해 나는 매일이 가시방석이었다. 마음이 맞는 친구들과 비교적 유쾌한 학교생활을 보냈던 지난 학기들과 달리 고2 생활은 나에게 뜻밖의 연속이었다. 처음으로 쌍둥이 동생 애라와 함께 같은 반을 했던 해였고 처음으로 왕따라는 걸 겪은 해였다. 혼자 당해도

서러운 게 따돌림인데, 나와 피붙이인 내 동생과 함께 당하는 따돌림은 두 배, 아니 몇 배는 더 괴로웠고 힘겨웠다.

그 시작은 가족여행을 다녀온 다음 날이었다. 처음에는 인사를 받아주지 않기에 못 본 줄로만 알았다. 아리송한 1교시가 지나고 2-3교시가 끝날 때까지만 해도 몰래카메라 같은 장난을 치는 줄 알았다. 점심시간이 되고 나서야 몰래카메라가 아니라 우리가 투명인간이 되었다는 사실을 깨달았다.

투명인간 취급을 받으며 학교생활을 보내다 보면 정말로 내가 사라지는 기분이 든다. 활기차고 밝았던 나는 사라지고 흐릿한 그림자 같은 존재가 되어 교실을 배회했다. 같은 반이었지만 성적 우수생이던 애라는 면학실 생활을 했고, 애라가 야자를 하러 면학실로 올라가고 나면 그때부턴 정말 혼자였다. 창가 끝자리에 앉아 커튼에 숨어 공부하기도 했고 라디오를 들으며 외로운 마음을 달랬다. 도움을 청할 수 있던 어른은 담임 선생님뿐이었다. 그렇지만 적극적인 개입을 원하진 않았던 우리는 그저 뒤에서 위로를 받았고 그 덕에 조금이라도 견딜 수 있었다.

시간이 지날수록 마음이 더욱 괴로웠던 건 이제 더는 돌이킬 수 없는 사이가 되어버렸다는 걸 깨달았기 때문이었다. 장염으로 입원했던 애라가 학교로 돌아왔을 때를 마지막 기회로 생각했다. 그들이 우리에게 사과를 할 수 있는 마지막 기회. 못 이기는 척 받아줄 수 있는 마지막 아량을 남겨두었지만, 돌아온 건 여전한 냉대와 무시뿐이었다. 그 순간, 나는 그 마지막을 조용히 구겨 삼켰다. 다시 돌아온다 하더라도 받아주지 않으리. 마음을 다잡고 견뎠다.

왕따에게 가장 괴로운 건 쉬는 시간과 급식 시간이다. 점심 시간과 저녁 시간마다 우리는 급식판을 들고 내려가 친구가 있는 다른 반에서 급식을 먹었다. 처음엔 창피하기도 했지만, 그들과 함께 있고 싶시 않은 마음이 더 컸다. 나도 너희가 싫다고 표현하는 최선의 방식이었다.

시간이 조금 흐른 뒤 우리는 반에서 새로운 친구를 사귀게 되었고 그다음부터는 내려가서 급식을 먹지 않게 되었다. 그럼에도 좀처럼 적응이 되지 않는 것이 따돌림이라고, 마음에 묵직한 돌덩이가 하나 얹힌 것처럼 가슴이 답답했다. 그럼에도 우리는 약속했다. 딸들을 홀로 키우며 매일 등하교를 함께해 주는 아빠에게는 절대 티 내지 말자고. 아침마다 학교에 가는 길이 괴로웠지만 웃으며 차에서 내릴 수밖에 없었다. 그런 노력에도 약속이 깨지게 된 건 내가 응급실에 실려 가게 되면서부터다.

여름 보충수업이 있던 날이었다. 우리의 상황을 일찍이 눈치를 채셨던 담임선생님께선 감사하게도 애라와 함께 나를 면학실로 올려 주셨다. 보충수업이 끝나고 면학실에서 자습을 하고 있었는데 그날따라 컨디션이 좋지 않았다. 당시 애라는 한번 자리에 앉으면 일어날 줄 모르는 학구열에 불타는 학생이었고, 자습 시간이 끝나도 집에 갈 생각을 하지 않았다. 그런 애라에게 오늘은 일찍 집에 가자고 할 작정으로 다가갔는데… 그다음은 기억이 나지를 않는다. 다만 기억나는 건 누군가 내 심장을 쥐어짜기라도 한 듯이 아팠다는 것과 학생들의 웅성거림 속에서 내 이름을 애타게 부르던 애라의 목소리다. 정신을 차렸을 땐, 구급차 안이었다.

그때 얻은 내 병명은 심장 부정맥이었다. 원인은 스트레스. 꽁꽁 숨겨왔던 마음속 돌덩이는 결국 터져 나왔고, 더는 감출 수 없어 아빠에게 모든 걸 털어놓았다. 아빠는 의외로 차분했다. 아무 말 없이 조용히 우리를 안아줬다. 그 순간 참아오던 마음이 무너져 내렸다. 내 잘못은 아니었지만 아빠에게 왠지 모를 미안한 마음이 들었다. 그러면서도 더는 괜찮은 척하지 않아도 된다는 사실에 마음이 조금은 놓였다. 알 수 없는 미움 속에서 잔뜩 움츠러들었던 마음이 다시 조금씩 사랑으로 채워지는 기분이었다.

2학기가 끝날 때까지 상황이 달라진 건 없었지만 더 이상 괴롭지 않았다. 서글픈 마음은 남아있었지만 받아들이기로 했다. 3학년으로 올라가기 전, 몇몇 아이가 다가와 사과를 했지만 마음에 와닿지 않았다. 누군가의 이간질이었든, 어떤 오해였든 지나친 태도였고 우리는 이미 너무 오랜 시간 미움과 외로움을 견뎌내며 지나왔다.

그 후로도 몇 차례 기억을 잃었다. 공연 연습과 촬영 일정으로 바빴던 어느 오후, 그리고 또 다른 어느 날 냉장고에서 물을 꺼내려다가 갑자기 툭 쓰러졌다. 눈을 뜨면 내가 쓰러졌다는 사실을 떠올리는 데 소사 시간이 걸렸다.

잃은 기억을 되찾을 순 없지만, 더 이상 잃지 않기 위해 결국 심혈관 조영술을 받았다. 시술 후 내게는 아주 작은 흉터가 남았다. 지름 2~3mm의 플라스틱 관이 지나간 자리. 조금씩 옅어져 이제는 흐린 점처럼 보이는 그 자리를 볼 때면, 마음이 한편이 또다시 따끔거린다.

거저 지나가는 것은 없다. 상처가 아물어도 자국은 남는 것처럼.

그 시절 나는 아주 큰 의심에 빠져 있었다. 누군가에게 받는 미움이 계속되면 사랑받지 못할 거라는 못된 의심이 든다. 그 의심에서 나를 건져준 건 깊은 터널처럼 어두웠던 그 시절 서로를 지켜준 내 동생 애라와 조용히 뒤에서 돌봐주신 담임 선생님, 우리를 가만히 안아준 아빠, 그리고 엄마의 기도였다.

그럼에도 사람을 좋아하고 쾌활하던 나로 돌아오기까지는 긴 시간이 걸렸다. 그래서 나는 누군가를 함부로 미워하지 않는다.

사랑에만 책임이 존재하는 게 아니다. 미움에는 더 큰 책임이 존재한다는 것을 잊지 않기를. 당신이 기억하지 못한다고 해서 없었던 일이 될 순 없다.

엉뚱한 상상

 가끔씩 엉뚱한 상상을 하곤 한다. 엘리베이터의 열린 문 틈 사이로 나를 타깃으로 착각한 괴한이 나를 해치는 상상, 혹은 닫혀 있는 변기를 열었을 때 봐서는 안 될 것이 들어 있는 상상 말이다. 무서운 공포물이나 잔인한 스릴러 영화를 즐겨 보는 편도 아닌데, 어째서 이런 살벌한 상상을 하게 되었는지는 모르겠지만 꽤 오래 지속된 습관이다.

 그래서인지 엘리베이터 문이 열릴 때면 남

몰래 혼자 긴장한다. 공중화장실에서 변기가 닫혀 있으면 마음의 준비를 하고 조심스럽게 뚜껑을 들어 올린다. 가끔씩 보고 싶지 않은 것들을 마주하기도 하지만, 아직 엘리베이터 밖에 서 있는 괴한을 마주친 적은 없다.

나의 엉뚱한 상상에 대해 들은 친구는 닫혀 있는 상황에 대한 두려움에서 비롯된 게 아니냐며 조심스럽게 의견을 냈다. 닫혀 있는 엘리베이터, 닫혀 있는 변기. 그럴듯한 추측이었다. 돌이켜 생각해 보면 어릴 적엔 닫혀 있는 장롱도 무서워했던 것 같다.

그렇다면 이 두려움을 어떻게 끝낼 수 있을까? 곰곰이 생각해 보다가, 반대로 상상해 보기로 했다. 반쯤 열린 엘리베이터 틈 사이로 괴한이 아닌 최애가 서 있는 기분 좋은 상상 말이다. 그렇다면 닫혀 있는 변기에는 어떤 상상이 좋을까 고민하다가, 뭐가 들어 있든 레버를

꾹 눌러 내려버리면 그만이지 않나 싶었다.

상상 속 괴한이 최애로 바뀌기까지는 다소 시간이 걸리겠지만, 좋은 시도라는 생각에 마음이 조금은 편안해졌다. 어쩌면 두려움을 설렘으로 바꾸는 건 의외로 간단한 일일지도 모른다. 닫혀 있는 문 너머를 상상하는 건 자유니까. 캐캐 묵은 나의 오랜 두려움을 버리기로 결심했다. (진짜 최애를 마주치는 날까지.)

결국엔 해내는 것들

 요즘 계속 오디션에서 떨어지고 있다. 기대했던 뮤직비디오 오디션, 최종에서 불발된 광고, 그리고 오늘 연락을 받은 단편영화 오디션까지. 여행지에서 탈락 소식을 들었을 때도 아쉬웠지만 아르바이트 중에 들은 오늘의 소식은 또 다른 결로 다가온다.

 수출상담회 가장 안쪽, 운영사무국 테이블에 앉아 모니터 속 통역사들의 상담일지를 검토하고 있다가 작은 진동 소리에, 상담회 스태

프였던 나는 다시 배우 고아라로 돌아왔다.

'안녕하세요. 0000 오디션에 참여해 주신 아라님께 진심으로 감사…'

한눈에 결과를 파악할 수 없는 메시지를 눌러보니 오디션 참가에 대한 고마움과 결과에 대한 미안함, 그리고 응원의 말까지 꾹 눌러 담은 긴 탈락 메시지가 펼쳐졌다. 정신없이 일하던 중 기습 공격을 받은 듯 머리가 멍해졌다. 잠깐 슬픈 마음이 들었지만, 받은 응원에는 나도 맞응원을 보냈다.

'저도 함께 응원하겠습니다! 감사합니다.'

줄줄이 떨어지는 오디션들 가운데 한줄기 희망이었던 단편 오디션마저 떨어지고 나니 마음이 헛헛했다. 오디션을 잘 봤냐는 동생에게 '나는 잘 본 것 같았는데 감독님이 나를 잘

봐야지!' 라며 너스레를 떤 게 엊그제 같은데. 더 이상 예정된 오디션이 없는 나는, 문인 줄 알고 두드렸지만 벽을 만난 것처럼 막막했다. 환기라도 할 겸 우선 일어나 화장실로 향했다.

거울 속 형광 오렌지색 스태프 조끼를 입고 있는 나를 마주하니 왠지 웃음이 났다. 이른 출근 시간에 눈썹도 제대로 못 그리고 나와 평소보다 수더분한 얼굴에 오디션 탈락으로 기운이 빠진 모습이었다. 그럼에도 불구하고 어딘가 야망이 느껴지는 눈빛이 반짝였다.

그래, 눈빛만 살아 있으면 됐지. 얼른 돌아가 오늘의 일을 시작하자.

사무국으로 돌아와 다시 일을 시작했다. 통역사들이 등록한 상담일지를 검토하며 매뉴얼에 따라 승인과 반려를 반복했다. 상담일지를 반려할 때는 반드시 반려 사유를 함께 전송해야 한다. 그래야 통역사들이 반려된 내용을 수

정해 다시 제출할 수 있기 때문이다. 그러다 문득 궁금해졌다. 내 오디션들의 반려 사유는 무엇일까. 탈락 통보와 함께 사유를 받는다면 좋을까, 아니면 오히려 부담스러울까. 오디션 결과는 매뉴얼대로 딱 떨어지는 단순한 문제가 아니기에 명확한 사유를 받기는 어려울 거라는 결론을 내리고 다시 일에 집승했다.

퇴근 시간이 다가올 즈음, 모든 상담일지를 승인받은 통역사들이 하나둘씩 퇴근을 시작했다. 반면 시간이 지나도 상담일지를 하나도 제출하지 못한 통역사도 있었다. 메시지로 상담일지 작성에 대해 안내하고 요청했지만, 바이어 케어로 여유 시간이 전혀 없어 퇴근 후에 작성할 수밖에 없을 것 같다는 답이 돌아왔다. 상담일지를 모두 승인받아야 퇴근이 가능하다는 점을 다시 안내했지만, 결국 나는 먼저 퇴근했다. 내가 퇴근한 뒤에는 다른 담당자가 승인

업무를 이어받을 터였다.

　제시간에 맞춰 퇴근했지만 서울의 퇴근길은 여전히 쉽지 않았다. 겨우 올라탄 지하철 안 손잡이를 잡고 몸을 기댔다. 일이 힘든 건 아니었는데 진이 빠졌다. 아마도 낮에 받은 오디션 탈락의 기운이 아직 내 안에 맴도는 모양이었다. 이럴 땐 제일 좋아하는 노래로 기분을 떨쳐내야 한다. 주머니에서 핸드폰을 꺼내자 읽지 않은 메시지가 눈에 띄었다. 퇴근 전 마지막 연락을 주고받았던 그 통역사였다. 메시지를 열어보니 상담 일지가 늦어진 이유와 미안하다는 내용이 담긴 긴 메시지였다. 아직도 퇴근하지 못한 채 상담 일지를 작성하고 있을 모습이 떠올랐다. 나는 서둘러 답장을 보냈다.

　'문자 확인이 늦어서 죄송합니다…'

　내일부터는 바이어에게 양해를 구하고 틈틈이 작성하시라고 권하며 고생 많으셨다는 인사를 전했다. 곧이어 돌아온 답장에는 '좋은 하루 마무리 하세요! 감사합니다!'라는 말이 담겨있었다. 오늘 처음 만난 누군가에게 받은 이 메시지가 오늘의 나에게 위로가 되었다. 늦은 시간까지 고된 하루를 견뎌냈을 통역사님의 하루에도 좋은 마무리가 있기를 바랐다.

늦어도 결국 해내는 것들은 모두 의미가 있다.

벽을 만난 듯 막막했던 오늘이었지만 돌아서지 않고 계속 밀고 나아간다면 벽인 줄 알았던 그것이 회전문처럼 활짝 열릴지도 모른다. 그러니 결국엔 해낸다.

퇴근 시간

 퇴근 시간, 곧바로 열차를 타지 않고 편의점에 들러 생수를 산 덕분인지 지하철이 한산하다. 때로는 이렇게 열차를 몇 대 보내고 늦은 퇴근을 해야겠다고 생각하며 생수를 한 모금 삼켰다. 단번에 차가운 기운이 식도를 타고 내 안으로 퍼지는 게 느껴졌다. 빈속이 놀랐는지 꾸룩 소리를 냈다. 괜히 주변을 둘러봤지만 아무도 소리를 듣지 못한 건지 관심이 없다.

가끔 만나는 사람들이 내게 이런 말을 해
얼굴이 많이 좋아졌네. 무슨 좋은 일 있니
좋았던 일도 있었고, 안 좋은 일도 있었죠

근데 왜 안 좋은 일은 안 묻나요

가끔씩 절묘하게 흐르는 노래 선곡에 놀랄 때가 있다. 이어폰 속 들려오는 치즈의 <퇴근 시간>을 들으며 시선을 창밖으로 돌렸다.
    타인은 아는, 그러나 나를 아는 사람들은 모르는 나의 시간들이 늘어간다.

누군가의 진심

일련의 만남과 대화를 오고 간 이들 중에 비슷한 얼굴은 하나도 없었지만 엇비슷한 감정을 느꼈다. 그것은 바로 연약함이다. 타인의 눈 속에 비친 나의 연약함과 내 눈 속에 비친 그들의 연약함.

사람을 참 좋아하지만 동시에 겁이 많은 금복이의 연약한 짖음과 바람에 흩날려 언제든지 사라질 준비가 되어 있는 민들레 홀씨….

나는 그 연약함을 사랑한다.

바보 같이 겁이 많으면서도 기어코 꼬리를 흔드는 금복이의 손짓과 어디로 가는지도 모르면서 망설임 없이 어디론가 훌쩍 떠나버리는 민들레 홀씨의 여정. 나는 그 용기를 사랑한다.

"아라는 참 연약해, 근데 또 강해.
 그게 귀여워."

주문한 커피를 테이블로 가져오며 빨대를 물려고 입을 잔뜩 벌린 내게 누군가 내뱉은 그 진심이 어떠한 힘이 있었는지, 오래도록 머문다. 연약한데 강하고 게다가 귀여운 나.

그런 나에게 지키고 싶은 존재들이 너무나 깊게 박혀서 나는 조금 더 연약해지기로 했다. 나의 연약함이 어쩌면 그 어떤 것보다도 강한 무기가 되어 사랑하는 존재들을 지켜줄 수 있지 않을까 기도하며.

앳된 얼굴로 보내는 여름날

내가 여름을 좋아하는 이유는
어쩌면 따듯한 햇빛 냄새가 좋아서.
젖은 마음도 금세 마를 것만 같은 기대감으로
자꾸만 밖으로 나서게 만드니까.

세탁소를 지날 때 맡게 되는
따듯한 다리미 냄새에 구겨진 마음이
반듯하게 펴지는 상상을 한다.

애초에 한 번도 구겨진 적 없던 것처럼
시치미를 뚝 뗀 채로 앳된 얼굴로 보내는
몇 안 되는 여름날들.

저스트 원테이크

 발갛게 부어오른 눈두덩이와 충혈된 눈, 책상 위에 아무렇게나 널브러진 과자 봉지와 부스러기, 밍밍하게 녹아버린 아이스커피. 마치 긴 전투를 마친 사람처럼 기진맥진한 상태로 시계를 보니 벌써 저녁 6시가 다 되어간다. 분명 아침 수영을 마친 오전 10시부터 시작했으니 무려 8시간을 쉬지 않고 달려온 셈이다.

 2월과 5월, 두 달 동안 매주 금요일 오전 10시부터 오후 2시까지 안토니에게 연기 수업을 들었는데 오늘이 그 마지막 날이었다. 예정된 수업 종료 시간은 오후 2시였지만 정시에 끝난 적은 단 한 번도 없었다. 어떤 날은 오후 3시, 또 어떤 날은 4시. 시간이 조금씩 늘어나더니 마지막 날인 오늘은 무려 저녁 6시 가까이 이어졌다.

안토니 몬테즈는 샌포드 마이즈너의 제자로 마이즈너 테크닉*을 전수하기 위해 베를린, 런던, L.A, 두바이, 헬싱키, 파리 등등 곳곳에서 매년 워크숍 투어를 진행하는 액팅 코치다. 지난여름에 씨네브릿지를 통해 처음 그의 워크숍을 듣게 되었는데 섬세하고 예리한 연기 코칭과 긴 수업에도 지치지 않는 체력과 집중력, 수업 내내 진심으로 대해주는 따뜻함에 깊은 감동을 받았다. 이후에 좋은 기회로 동료들과 함께 심화 과정 수업을 듣게 되었다.

첫 워크숍은 내한 워크숍으로 직접 만나서

진행되었지만, 이번 심화 수업은 온라인으로 진행이 되었다. 비대면 온라인으로 연기 수업은 어떨 지 낯설었는데 먼저 경험했던 동료의 말대로 물리적 거리는 아무런 문제가 되지 않았다. 서로에게 집중하며 수업을 듣다 보면 모니터 너머의 모습이 어느새 바로 내 앞에 있는 것처럼 가깝게 느껴졌다. 각자의 자리에서 함께 서로의 눈을 맞추고, 말하고, 듣고, 살펴보고, 마음껏 영향을 받으며 그렇게 조금씩 나아갔다.

우리는 각자 안토니에게 독백 대사를 부여받았는데 작품이 겹치는 경우도 있었고, 서로 다른 작품인 경우도 있었다. 자신의 독백 외로 우리는 서로의 파트너가 되어주기도 했다. 수업 전에 미리 정한 파트너에게 역할과 관계에 대한 설명을 전하면, 파트너는 그 인물로서 들어와 함께 장면을 만들었다.

개인 독백만큼이나 누군가의 파트너로서 함께 할 때도 많은 걸 배울 수 있었다. 대사 없이 상대의 독백을 듣는 파트너의 역할이었지만 나의 시선과 표정(감정)에 따라 영향을 받는 파트너를 보며 대사(텍스트)는 중요하지 않다는 걸 한 번 더 깊이 깨달았다. 독백을 하는 사람에게 중요한 건 대사가 아닌 상대에게 있다는 것, 그 중요한 포인트를 잊지 않으려고 노력했다.

독백 속에는 반드시 하고 싶은 말이 존재하는데, 무수히 많은 말 중 결국은 그 한마디를 하기 위해 독백이 존재한다. 내(인물)가 하고 싶은 말, 그 말을 통해 나는 무엇을 얻고 싶은 건지, 그 말을 하지 않으면 어떻게 되는지, 또 그 말을 듣는 상대는 어떻게 되는지 등 많은 것들을 발견할 수 있다. 그렇기에 독백은 자주 들여다 봐야 한다고 했다. 보면 볼수록 처음엔 보이지 않았던 새로운 것들을 발견할 수 있을 거라고. 그 발견들과 내 안의 연결고리를 찾아가는 과정에서 믿음이 만들어진다. 내 안에 이미 그 인물이 존재한다는 믿음. 그 믿음만 있으면 길을 잃지 않을 수 있을 것 같은데…

오늘 나는 길을 잃었다. 안토니에게 받은 독백 <신의 아그네스*> 속 아그네스가 내 안에 있다고 믿었는데, 한 주 만에 어디론가 슬그머니 사라진 기분이었다. 유난히 복잡하고 다양한 감정이 뒤섞인 독백이라 처음 받은 순간부터 쉽진 않았다. 하지만 대본 외에도 그녀와 비슷한 아픔을 겪은 사람들을 다룬 다큐멘터리를 보며 그녀의 삶을 조금씩 따라갔고, 지난 수업을 통해 꽤 명쾌해졌다고 생각했다. 그런데 오늘 독백을 해보면서 그녀가 왜 이런 고백을 하는 건지 스스로 확신이 들지 않았다. 명확한 믿음이 없으니 아그네스에게 몰입이 되지 않는 건 당연했다.

연기가 너무 어려워요.

독백이 끝난 후의 마음이 어떻게 되었냐고 물어보는 안토니의 말에 아그네스의 마음이 아닌 나의 마음이 툭 튀어나와 버렸다. 복잡하고 어려운 독백이었던 것도 맞지만 실은 알고 있었다. 연기보다도 마음이 어려웠다는 걸.

거듭된 새벽 출근 아르바이트와 긴 이동 시간 탓에 집에만 도착하면 녹초가 되어버렸고 책상 위에 펼쳐둔 독백을 그대로 지나쳐 침대로 쓰러지듯 잠들었던 한 주였다. 오고 가는 지하철에서 휴대폰 메모장에 적어둔 독백을 읽으며 시간을 보내기도 했지만, 탐정이 되어 연필을 쥐고 단서를 찾아내듯 살펴보던 때와는 달랐다. 총기가 사라진 시선은 예리할 수 없었고, 지칠 대로 지쳐버린 나는 지하철에 자리가 나면 눈이 감길 뿐이었다.

정말 기다렸던 금요일이었는데 나의 부족

함을 정면으로 마주한 느낌이었다. 내 순서가 끝나고 동료들의 순서가 진행되는 동안 서둘러 노트를 펼쳤다. 맨 위에 나의 오답 노트라고 적어놓고 그 아래로 써 내려가기 시작했다. 부족했던 나의 배우로서의 태도와 시간에 대해 써내려 갈수록 조금씩 명확해지는 기분이 들었다. 앞으로 내가 채워나가야 할 태도와 시간과 아그네스에 대해.

부족함을 깨달을 수 있다는 건 참 다행이었지만 여전히 스스로에 대한 아쉬움과 속상함은 쉽게 넘어가지 않았다. 문득 그 순간 안토니가 지난여름 워크숍에서 해준 말이 떠올랐다.

It's just one take.
이거 그냥 한 테이크*일 뿐이야

감정적으로 어려웠던 훈련이 끝나고 지쳐 있던 우리에게 해준 말이었다. 우리가 앞으로 나아가야 할 무수히 많은 시도 중 하나일 뿐이라고. 그러니 성공도 실패도 없다고 말이다. 지난여름, 나를 일으켰던 그 말이 또다시 나에게 힘을 주었다. 그래 이거 그냥 한 테이크일 뿐이야.

장장 8시간의 수업이 끝나고 우리는 한 사람씩 이야기를 나누며 4주간의 여정을 마무리하는 시간을 가졌다. 나는 사실 지난 한 주 동안 열심히 독백을 준비하지 못했고, 그로 인해 나의 부족함을 여실히 깨달았다고 실토했다. 그 사실에 마음이 잠깐 힘들었지만 안토니가 지난여름 우리에게 해준 '저스트 원테이크'의 힘으로 다시 나아갈 용기를 얻었다고 덧붙였다.

금요일 오전 10시부터 늦은 오후까지 끼니도 거른 채 다른 것들을 포기하고 각자의 모니터 앞에서 자리를 지키며 함께 웃고 울고 고민하며 보낼 수 있었던 건, 사랑 덕분일 거다. 좋아하는 일을 더 잘하기 위해 힘든 일도 기꺼이 선택하며 아르바이트를 늘리고, 잠을 줄이고 책상 앞에 앉아 대본을 읽고, 오고 가는 지하철에서 노래를 듣는 것 대신 다큐멘터리를 보기로 선택하는 것도. 자신의 부족함 앞에 넘어지는 것 대신 다시 일어설 용기를 선택하는 것도 모두 연기를 사랑하기 때문이다.

단순히 좋아하는 것만으로는 갈 수 없는 여정을 선택했고 그래서 싫은 순간들이 와도 견딜 수 있게 되었다.

우리가 지금 하는 것들은 모두 리허설일 뿐. 잘하지 못해도, 누군가에게 인정받으려고 하지 않아도 된다고, 각자의 삶 속에서 자신이 얼마나 열심히 살고 있는지는 스스로가 가장 잘 알고 있으니까 괜찮다고. 이 모든 것은 배우로서 잘 나아가기 위한 여정일 뿐이라고 말해주는 멘토가 있다는 것, 그리고 그 여정을 함께 나아가는 동료가 있다는 것이 얼마나 고마운지 마지막 인사를 하며 왈칵 눈물이 났다.

언젠가 넘어야 할 산을 넘고 있는 것 같아서 기분이 좋다던 동료의 말처럼, 우리는 지금 함께 산을 넘고 있다.

정말 긴 시간 수업을 진행하면서도 단 한 번도 지친 기색 없이 변함 없는 모습으로 우리를 안전한 여정으로 안내해 준 안토니는 이렇게 긴 시간 수업을 할 수 있었던 건 너희에게 재능이 있고 그럴만한 사람들이었기 때문이라고 말해주었다. 그러니까 계속하라고.

.

이 여정에서 내가 배운 건 연기뿐 아니라 사랑과 인내, 그리고 지속할 수 있는 용기다. 어쩌면 인생을 배우고 있다고도 할 수 있겠다.

각주

| 마이즈너 테크닉(Méthode Meisner)

미국의 연기 교육자 샌포드 마이즈너(Sanford Meisner)가 개발한 연기 기법으로, 배우가 즉흥적이고 진실된 반응을 통해 자연스러운 감정을 표현하도록 훈련하는 방법이다. 상대 배우와의 진정한 교감과 순간에 충실한 연기를 강조하며, 삼성의 신실성과 집중력을 높이는 데 중점을 둔다.

| 신의 아그네스

존 필미어가 1979년 발표한 심리 드라마로, 한 수녀원의 어린 수녀 아그네스가 아기를 낳고 살해한 사건을 둘러싸고, 의사와 수녀가 진실을 파헤치는 과정을 그린 작품. 신앙, 순수함, 광기, 인간 심리에 대한 치밀한 탐구를 담고 있다.

| 테이크(TAKE)

하나의 장면을 반복적으로 촬영할 때 사용되는 단위로, 특정 샷 또는 장면이 카메라로 한 번 녹화된 각각의 시도를 의미한다

경험치로 레벨업

"아무것도 하지 않으면, 아무 일도 일어나지 않아!"

10년쯤 전, 한 맥주 광고에서 나왔던 말이다. 그 뒤를 이은 문장은 부딪쳐라, 짜릿하게. 지금 봐도 꽤 잘 만든 광고 카피라고 생각한다. 문제는 '용감하게 도전하는 청춘을 응원한다'는 브랜드의 메시지와는 전혀 다른 방향으로 내게 작용했다는 것이다.

아무것도 하지 않으면 아무 일도 일어나지 않는다는 말에 나는 안정감을 느꼈다. '그렇다면 정말 아무것도 하지 말아야지. 아무 일도 일어나지 않도록 말이야.' 안정주의에 완벽주의였던 나에겐 그럴듯한 핑계로 다가왔다. 새로운 도전 앞에서 선택을 포기하기에 아주 좋은 핑계.

새로운 상황이나 도전을 마주했을 때 그에 대처하는 방식 따라 각자의 삶의 태도가 드러난다. 도전을 통해 얻을 수 있는 보상에 집중하며 앞으로 나아가는 사람, 새로운 경험 자체를 즐기는 모험가 같은 사람, 그리고 실패를 극도로 두려워해 결국 도전을 포기해 버리는 사람.

나의 경우는 뭐랄까, 얻게 될 보상에 대한 기대와 원하는 결과를 얻지 못할지도 모른다는 두려움 사이에서 끊임없이 저울질만 하다,

결국 타이밍을 놓치는 부류였다. 이 부류의 가장 큰 문제는 그렇게 기회를 놓치고서도 "그래, 어차피 내 것이 아니었을 거야."라며 그럴듯한 합리화로 끝을 맺는다는 점이다. 그때는 몰랐다. 패배감보다 더 쓰린 게, 기회를 잃는 상실감이라는 것을.

마치 승률 싸움이라도 하듯 나는 '이길 수 있을 것 같은' 기회들 앞에서만 의기양양했던 이십 대를 보냈다. 내가 잘하는 장르와 익숙한 배역의 오디션, 기회비용이 크지 않은 선택들 속에서 좁은 성공을 이뤄나갔고 그 안에 갇혀 맴돌 뿐이었다. 안전하다고 느꼈던 성공들이 조금씩 나를 좁혀오듯 갑갑해지기 시작했다.

"아라야, 모든 결과는 다 50대 50이래. 1000:1 오디션을 보든, 2:1 오디션을 보든, 네가 되냐 안되냐만 생각해. 다른 건 신경 쓰지 마, 쫄지 마."

그 무렵 꽤 중요한 오디션을 앞두고 잔뜩 긴장하던 나에게 친구가 건넨 말이 나의 삶을 관통했다. 어떤 것을 도전하든 모든 확률은 50대 50, 결국 중요한 건 내게 있다는 것.

정말 얻고 싶은 것이 바로 그곳에 있었지만 실패가 두려워 끝내 노쳤던 기회들과 정말 좋아했지만 소중한 관계를 잃을까 봐 두려워서 외면했던 그 더 소중했던 마음들에게— 사죄하는 마음으로 나는 운동화 끈을 질끈 고쳐맸다. 물론, 용기를 내어 돌진했지만 모든 걸 다 돌파한 건 아니었다.

"확률이 정말 반반이 맞나?"

스스로 반신반의할 만큼 잦은 실패를 겪었다. 이전과는 비교할 수 없을 만큼 세게 넘어지기도 했다.

하지만 실패도 쌓이다 보니, 그 모든 게 결국은 경험치가 된다는 걸 알게 되었다. 게임에서도 승률만큼 중요한 건 '경험치'다. 승률이 아무리 떨어져도, 경험치를 계속 쌓아올리다 보면 어느 순간 레벨업을 하게 된다. 반대로, 승률이 아무리 높아도 레벨이 낮으면 다음 스테이지로 갈 수 없다. 레벨이 올라야 새로운 맵이 열리고, 결국엔 그토록 두려워하던 보스맵도 클리어할 수 있게 되니까.

지금의 나는 경험치를 모으는 중이다. 예전 같았으면 쉽게 도전하지 못했을 배역 오디션도, 낯선 장르물도, 왠지 떨어질 것만 같은 불길한 기운이 감도는 오디션조차도 기꺼이 달려간다. 아직 가보지 않은 길에 대해서는 함부로 판단할 수 없다. 끝까지 가보지 않으면 알 수 없는 거니까.

설사 오디션에 떨어지더라도 그게 또 다른 기회로 이어질 수도 있다. 짝사랑에 실연을 당하더라도, 다음 사랑을 위한 거름이 된다고 생각하면 이제는 성공과 실패가 그리 중요하지 않게 느껴진다. 무언가를 향해 마음을 던져 부딪쳤을 때, 내 마음이 진짜였다면 그 순간, 분명 파팟—하고 스파클이 튀었을 것이다. 그게 성공의 방향이었든, 아니었든. 반짝이는 순간임은 분명하다.

실패가 두려워 스스로의 마음을 외면하던 나는 이제 실패를 모으러 다닌다. 누군가 나를 궁금해해 준다면, 실패도 사랑할 용기로 기꺼이 달려갈 수 있다. 그 모든 순간이 나에겐 값진 경험치가 되어줄 테니까. 당장은 마음을 얻지 못하더라도, 머지않아 레벨업을 마치고 나면 분명, 원하는 곳에 닿게 될 테니까. 지금은 괜찮다.

무언가를 향해 마음을 던져 부딪쳤을 때,

내 마음이 진짜였다면 그 순간,

분명 파팟―하고 스파클이 튀었을 것이다.

그게 성공의 방향이었든, 아니었든.

반짝이는 순간임은 분명하다.

문장과장면들은 우리가 이야기하는 방식입니다.
우리는 세상에 작은 빛을 전하기 위해 책을 펴냅니다.
Sentence and scenes are the way we talk.
We publish books to give the world a little light,
wtih jesus.